O MENINO QUE NUNCA SORRIU

& OUTRAS HISTÓRIAS REAIS

**Fabio Barbirato
e Gabriela Dias**

Depoimentos a
Gustavo Pinheiro

O MENINO QUE NUNCA SORRIU
& OUTRAS HISTÓRIAS REAIS

**Autismo, depressão, bullying
e bipolaridade entre
crianças e adolescentes**

Copyright © 2019 **Fabio Barbirato, Gabriela Dias e Gustavo Pinheiro**
Direção editorial: **Bruno Thys e Luiz André Alzer**
Capa: **Mariana Erthal e André Hippertt | www.eehdesign.com**
Projeto gráfico e diagramação: **Mariana Erthal**
Revisão: **Leonardo Bruno**
Foto da capa: **F. Mann | Shutterstock**
Foto da orelha: **Marcelo de Jesus**

Dados Internacionais de Catalogação na Publicação (CIP)
(eDOC BRASIL, Belo Horizonte/MG)

B237m   Barbirato, Fabio.
         O menino que nunca sorriu e outras histórias reais: autismo, depressão, bullying e bipolaridade entre crianças e adolescentes / Fabio Barbirato, Gabriela Dias. – Rio de Janeiro (RJ): Máquina de Livros, 2019.
         144 p. : 14 x 21 cm

         ISBN 978-85-54349-08-0

         1. Crônicas brasileiras. 2. Psicanálise. I. Dias, Gabriela. II. Título.

                                      CDD B869.8

Grafia atualizada segundo o Acordo Ortográfico da Língua Portuguesa de 1990, em vigor no Brasil desde 2009

1ª edição, 2019 - 1ª reimpressão

Todos os direitos reservados à **Editora Máquina de Livros LTDA**
Rua Francisco Serrador 90 / 902, Centro, Rio de Janeiro/RJ - CEP 20031-060
www.maquinadelivros.com.br
contato@maquinadelivros.com.br

Nenhuma parte dessa obra pode ser reproduzida, em qualquer meio físico ou eletrônico, sem a autorização da editora

Para nosso Bruno, para que um dia entenda o trabalho dos pais e se orgulhe das nossas eventuais ausências.

Sumário

Nota dos autores 9
Apresentação 11
Prefácio – Por Jorge Alberto da Costa e Silva 13
1. O menino que nunca sorriu 19
2. O começo de tudo 23
3. Toda sexta eles fazem tudo sempre igual 27
4. A medida da tecnologia 32
5. Trouxeste a chave? 36
6. Casais se separam, pais são para sempre 40
7. As surpresas do caminho 44
8. Janelas abertas 47
9. Irmãos 52
10. Uma casa com problemas 56
11. "Rain Man" 60
12. O preço do corpo "perfeito" 64
13. Até que a vida os separe 67
14. Abraçando a imperfeição 70
15. Tal pai, tal filha 74
16. Neymar, 10 79

17. Mãezona..82
18. A primeira vez..86
19. Penha-Curicica..89
20. Menino Maluquinho..92
21. É dado ou babo?..95
22. Casa vazia...97
23. "Mãe, eu não sei onde eu tô"..101
24. Uma babá quase perfeita..104
25. Iguais, mas diferentes..106
26. Porque hoje é sábado..111
27. Casa da dinda...118
28. Pitoco..121
29. Amor represado..124
30. Coisa de menino...127
31. Precoce...130
32. O futuro já começou...134
Posfácio – Por Francisco Horta..137
Agradecimentos 141

Os nomes das crianças, dos pais e dos responsáveis citados neste livro foram alterados para resguardar a identidade e a privacidade dos mesmos.

Nota dos autores

"Eu não sabia."
Talvez esta seja uma das frases mais recorrentes que ouvimos de pais, responsáveis e professores em 20 anos de exercício da Medicina, tanto em consultório particular como público.
Sempre nos chamou a atenção certa dificuldade dos adultos – por falta de informação, nunca de vontade – em identificarem os primeiros sintomas dos transtornos mentais nas crianças e nos adolescentes. Especialmente nos tempos atuais, em que o volume de conhecimento da internet pode mais confundir que orientar.
Cientes da carência em obter informações confiáveis sobre males cada vez mais diagnosticados na sociedade contemporânea – como déficit de atenção, hiperatividade, depressão, ansiedade, bipolaridade, autismo – e sabendo da relevância de tratá-los, muitas vezes, ainda na idade pré-escolar, entendemos ser fundamental compartilhar o máximo de histórias que esclareçam as principais doenças

mentais. Informação é poder de ação.

Nosso objetivo é que os transtornos mentais saiam da sombra do preconceito e do estigma e ganhem a luz do esclarecimento. Quanto mais falarmos, mais vidas serão salvas. O convite para fazermos esse livro que você tem em mãos veio ao encontro desse desejo. Agradecemos aos pacientes e seus parentes que, voluntariamente, se dispuseram a contar suas histórias. Nosso agradecimento também ao amigo e escritor Gustavo Pinheiro, que embarcou no livro conosco e soube traduzir em palavras cuidadosas o sentimento de tantas famílias.

Se, no futuro, um pai ou uma mãe procurar ajuda em algum consultório médico do Brasil em consequência desse livro, nossa missão estará cumprida.

Fabio Barbirato e Gabriela Dias

Apresentação

Conheci Gabriela Dias e Fabio Barbirato há quase 20 anos. Nestas duas décadas de amizade, sempre ouvi as histórias que eles me contavam com enorme interesse. Onde viam pacientes, eu enxergava personagens. Personagens da vida real. Um ambulatório médico no Brasil é a síntese do país, da nossa sociedade e, por que não, da própria vida. Por ali passam dor, drama, angústia, medo, mas também altas doses de alegria, esperança e solidariedade.

Frequentei por dois anos o Ambulatório de Psiquiatria Infantil da Santa Casa coletando histórias. Ouvindo. Olhando nos olhos. O que mais me chamou a atenção é que em nenhum momento vi sequer a sombra do sentimento de revolta. Agradeço aos pais, tios, avós, responsáveis e pacientes que, gentilmente, revelaram suas almas, contaram suas histórias, compartilharam suas vidas. Quando informados que o livro seria escrito com personagens sob anonimato, alguns respondiam: "Eu não me importo em me expor, se for para ajudar outros pais...".

À valente equipe do Ambulatório de Psiquiatria Infantil da Santa Casa, minha gratidão e respeito.

Aos meus amigos Gabriela e Fabio, obrigado pela confiança e oportunidade que me deram de conhecer pessoas incríveis.

Que esse livro, feito com tanto carinho e cuidado, possa ajudar a muitas outras famílias.

Gustavo Pinheiro

Prefácio

Este é um livro que chega em um momento muito adequado. A história do Ambulatório de Psiquiatria Infantil da Santa Casa da Misericórdia se enquadra dentro do Serviço de Psiquiatria Jorge Alberto Costa e Silva, por mim criado há 40 anos, e que hoje é pleno de resultados, graças ao trabalho e à dedicação de um grupo de pessoas que reuni para o atendimento à população, sobretudo os mais necessitados e carentes.

No entanto, a história começa antes, quando, ainda chefe do Serviço de Psiquiatria da Faculdade de Ciências Médicas da Universidade do Estado do Rio de Janeiro, tinha o sonho de criar um serviço de psiquiatria infantil inspirado por um amigo meu, pioneiro no assunto no Brasil, Hans Grünspan – pois cedo aprendi com Freud que "a criança é o pai do homem". Foi assim que, no início dos anos 70, criei o embrião de um serviço de psiquiatria infantil na universidade, tendo à frente um jovem que havia passado três anos na França, com uma boa formação na área. No entanto, ele precisou sair e a experiência não prosseguiu. Mas ficou em mim este sonho acalentado durante muitos anos.

Foi no início do século XIX, justamente na Santa Casa da Misericórdia – num anexo construído na Praia Vermelha, que depois se tornaria a Reitoria da Universidade Federal do Rio de Janeiro, na época, Universidade do Brasil –, que a psiquiatria começou no país, com médicos brasileiros que tinham estudado com Pinel e Esquirol na França. A partir dessa percepção, criei um serviço que funcionava em uma modesta casa onde eu dava consultas diárias, após sair da Uerj e antes de ir para minha clínica particular.

Pouco a pouco fui convocando outras pessoas de grande valor, como a Dra. Vera Lemgruber, que me apresentou à Dra. Fátima Vasconcellos, recém-chegada ao Rio de Janeiro. Dra. Vera me perguntou se poderíamos aproveitá-la na Psiquiatria e, após entrevistá-la, vi que era uma pessoa com potencial. Ela acabou se tornando meu braço direito no Serviço de Psiquiatria e em outros projetos. Com o tempo, grandes profissionais se juntaram a nós e se consagraram, como a Dra. Analice Gigliotti, que tive a honra e o prazer de guiar em seus primeiros passos no trabalho com dependências químicas, levando-a para Genebra, onde liderava uma diretoria executiva internacional relacionada a doenças não transmissíveis, saúde mental, tabaco e comportamento humano. Na volta, criei um departamento que se transformou em um dos maiores do país e ela se tornou uma referência no assunto.

E assim começou a história deste que hoje talvez seja o mais importante ambulatório de psiquiatria infantil do Rio de Janeiro e um dos melhores do Brasil. À frente, está o jovem Dr. Fabio Barbirato, com uma dedicação ímpar ao sofrimento infantil, um dos piores que existem, por trazer junto as dores dos pais e dos familiares, uma unidade indissolúvel. A própria sociedade, em função do desconhecimento do assunto, muitas vezes também discrimina e exclui as crianças e os jovens com transtornos de comportamento e dificuldade de aprendizado, interpretando suas atitudes como mau comportamento, rebeldia, agressividade.

O Dr. Fabio, posteriormente, teve uma discípula, Dra. Gabriela, que se tornou sua assistente e hoje é sua esposa, formando um casal culto, inteligente, extremamente simpático, de boa educação e com enorme desejo de melhorar a vida dessas crianças que tanto sofrem. Souberam muito bem envolver os demais *players* deste drama infantojuvenil: os pais, a família e também a sociedade. Mais tarde, surgiu a ideia de sair dos muros dos hospitais – e eu mesmo organizei com eles várias conferências em escolas municipais e estaduais para falar do assunto com professores. Em todo momento apoiei as iniciativas deste casal, com uma confiança tão grande a ponto de encaminhar minha clientela infantojuvenil particular para seus cuidados.

Agora, veio a ideia de um livro que fosse acessível a todos, o que é fascinante. Fico muito feliz de vê-lo pronto, nas livrarias. Informar à família e à sociedade é uma maneira não somente de tratar, mas sobretudo de prevenir os necessitados destes cuidados e de aperfeiçoar os profissionais da saúde.

E é isso que esta obra pode fazer. De leitura fácil, baseada na realidade diária da vida dos pacientes do nosso ambulatório, das escolas, da sociedade e dos consultórios médicos. São, portanto, histórias reais e não uma ficção. Este é seu grande valor. É a experiência pessoal desses dois jovens, Fabio e Gabriela, e de toda a equipe que eles souberam tão bem construir e comandar até hoje.

Este livro apresenta ao leitor uma das melhores formas de lutar contra os estigmas e o sofrimento infantojuvenis. É uma obra que enriquece a literatura de divulgação médica para o grande público e para os grupos especializados, não somente pela excelente iniciativa, mas porque foi inspirado no dia a dia de anos de trabalho junto aos pacientes e seus familiares.

Agradeço também a Gustavo Pinheiro, a quem parabenizo pelo carinho que nutre por esses autores e aqueles que sofrem destes transtornos, em fase tão precoce da vida. Com seu talento de jornalista e escritor, conseguiu transformar numa linguagem simples, e ao mesmo tempo profunda e plena de sabedoria, um tema de grande complexidade.

Outro reconhecimento especial vai para o provedor da Santa Casa da Misericórdia do Rio de Janeiro, Dr. Francisco Horta, e os demais membros da diretoria pelo apoio e dedicação ao nosso Serviço de Psiquiatria e ao projeto do Ambulatório de Psiquiatria Infantil.

Fabio e Gabriela são dois talentos dos quais muito me orgulho por tê-los abrigado, apoiado e investido durante todos esses anos. Conheço psiquiatras infantojuvenis em grande parte do mundo, em função das inúmeras instituições que tive a honra de presidir aqui e lá fora, porém posso garantir que profissionais como eles são raros.

Neste momento em que a medicina tecnológica e da inteligência artificial cresce em importância e se transforma numa realidade que abrirá caminhos ainda mais amplos, Fabio e Gabriela desenvolvem um trabalho valioso com dedicação e amor na relação entre médico, paciente e família, e que já começa a transcender as fronteiras do Brasil.

Fabio e Gabriela não deitaram sobre os louros do sucesso e continuam a se aprimorar cada vez mais, com o papel fundamental de ajudar a população jovem a ter melhores condições, a ser menos desigual e com maiores possibilidades de sucesso. Esse livro é um grande exemplo do trabalho dos dois em busca de dar mais qualidade de vida à nossa tão sofrida sociedade.

Muito obrigado!

Jorge Alberto da Costa e Silva
Presidente da Academia Nacional de Medicina do Brasil e fundador e chefe emérito do Serviço de Psiquiatria Jorge Alberto Costa e Silva da Santa Casa da Misericórdia do Rio de Janeiro

1.
O menino que nunca sorriu

"O meu filho nunca sorriu. O senhor acha isso normal, doutor? Uma criança de 7 anos que nunca sorriu?"

A pergunta de Luísa, mãe de Pedro, foi uma das mais duras que o psiquiatra infantil Fabio Barbirato teve que escutar em 20 anos de profissão. Balão de São João, presente de Dia das Crianças, Papai Noel do shopping, bloco de Carnaval, férias escolares, passeio no parque: nenhuma situação corriqueira, que faria qualquer criança gargalhar, era capaz de trazer um sorriso ao rosto do filho.

Luísa entrou desolada no Ambulatório de Psiquiatria Infantil da Santa Casa da Misericórdia, no Rio de Janeiro. Depois de cumprir um périplo por postos de saúde e hospitais, ouvir diferentes médicos e diagnósticos desencontrados, ela estava ali, diante de Fabio. Naquela manhã nublada, Luísa era a síntese de sentimentos contraditórios: desilusão e esperança; cansaço e expectativa. O filho sentado ao seu lado, de cabeça baixa, alheio à conversa dos adultos.

Não era um caso simples. Pedro carregava um histórico que já seria bastante pesado para qualquer adulto, ainda mais para uma criança. Antes dos 4 anos, havia tentado se atirar da varanda da avó. Aos 5, ameaçou passar na frente de um ônibus em movimento. Aos olhos da psiquiatria, as duas iniciativas caracterizam tentativas precoces de suicídio, ainda que inconscientes para alguém com tão pouca idade.

Fabio submeteu Pedro a testes e avaliações. À mãe, coube controlar a enorme expectativa por respostas. Pais, geralmente, almejam um diagnóstico no primeiro ou segundo encontro: quando decidem buscar ajuda, querem respostas rápidas. Já os médicos preferem a cautela: em idade pré-escolar são necessárias, em média, seis consultas para fecharem um diagnóstico. A pressa é inimiga no delicado processo de esgotar todas as possibilidades. Mas nem o mais potente dos ansiolíticos é capaz de controlar coração de mãe.

Depois de algumas semanas, não havia mais dúvidas quanto ao caso de Pedro. Cabia a Fabio dizer à mãe que o filho enfrentava um quadro de depressão. "Era um caso clássico: desinteresse por atividades e brincadeiras com outras crianças, tristeza, isolamento social, choro sem motivos e ideias de morte precoce", relembra Fabio. E, como a mãe já havia observado, nenhum sorriso.

Dizer a um pai que seu filho tem transtorno psiquiátrico não é, definitivamente, uma notícia agradável de se dar. Mas, em muitos casos, pode ser um alívio para as famílias saberem, finalmente, do que a criança padece. E no caso de Pedro, não foi diferente. Informada do diagnóstico, Luísa ficou ansiosa, fez uma série de perguntas, mas, de certa forma, demonstrava alguma tranquilidade. Anos de angústias e suposições tinham ficado para trás. O "inimigo" que perseguia seu filho fora identificado. Agora era preciso aprender a lidar com ele.

Para alívio da mãe, ainda seria possível alterar a trajetória do desenvolvimento de Pedro, com melhora concreta em sua qualidade de vida. "Essa é uma das maiores alegrias: poder interferir na rota de sofrimento de uma criança", resume Fabio.

Pedro, "o menino que nunca sorriu", passou a frequentar o ambulatório e a receber o acompanhamento constante de uma equipe multidisciplinar, com psiquiatra e fonoaudióloga. Ia à Santa Casa uma vez ao mês. Ele e a mãe viajavam duas horas de ônibus, de Santa Cruz, Zona Oeste do Rio de Janeiro, ao Castelo, no Centro, em busca de uma vida melhor. Cansativo, sim. Queixoso, nunca. Cada sinal de progresso, por menor que fosse, era comemorado com entusiasmo.

Se o tratamento traz avanços concretos para as crianças, não é menos importante para os pais. No pequeno ambulatório no Centro no Rio, eles se sentem acolhidos e constatam que seus filhos não têm nada de aberração, como alguns chegam a sugerir. Pelo menos ali, eles são maioria. Certa vez, a mãe de uma criança autista, vendo o progresso no tratamento do filho, virou-se para um dos psiquiatras e disse: "Doutor, eu não tenho dinheiro para comprar um presente. Mas o senhor aceita um abraço como agradecimento?".

O trabalho da equipe médica é minucioso. Os profissionais trocam informações com os professores da escola, orientadores e parentes em busca de pistas ou padrões de comportamento. De certa forma, se assemelha a um trabalho de detetive. "O diagnóstico em psiquiatria é clínico, não existem exames específicos que apontem determinada patologia. É preciso ouvir o paciente. Engana-se quem pensa que criança não fala, não sabe expressar seus sentimentos. Basta saber como perguntar. Nosso trabalho é ouvir, observar, montar um quebra-cabeças até fechar o diagnóstico", esclarece Gabriela.

Os sinais de melhora aparecem lenta e discretamente. Cada criança tem seu ritmo e é impossível assegurar quando haverá alguma resposta aos estímulos médicos. "Confiar no profissional que assiste à criança é fundamental. Digo sempre às famílias que, se houver dúvida, busque outra opinião", completa a psiquiatra.

Em uma manhã normal de atendimentos, depois de dois meses frequentando o ambulatório da Santa Casa com o filho, Luísa conversava com Fábio à porta do consultório. De repente, um rebuliço do lado de fora chamou a atenção de todos. Pedro brincava com uma bola... e sorria. Um gesto tão rotineiro na vida de qualquer criança era uma novidade extraordinária para a mãe de Pedro.

Luísa, num turbilhão de emoções, não se conteve e abraçou Fabio: "Obrigada, doutor. Obrigada por me dar a alegria de ver o meu filho sorrir pela primeira vez na vida".

2.
O começo de tudo

Fabio Barbirato conheceu os transtornos mentais muito antes dos anos na faculdade de Medicina. Na década de 80, ainda criança, ele foi diagnosticado com quadro de ansiedade, quando se sabia pouco sobre o assunto. As crises o bloqueavam, geravam preocupação desmedida com o passado e com o futuro. O pequeno Fabio estava em todos os lugares, menos no presente.

À medida que foi crescendo, conheceu outros meninos e meninas, que compartilhavam de suas angústias precoces. Fabio gostava de ouvir e aconselhar os amigos. Apareciam ali os primeiros indícios do profissional que viria a se tornar anos depois.

O pai, Carlos Augusto Nascimento e Silva, era diretor da clínica infantil Albert Sabin, em Niterói. Atento ao interesse do filho, deu de presente ao garoto as obras completas de Freud. Era com o pai que o jovem Fabio conversava sobre os sentimentos dos amigos – e os seus próprios –, numa época em que ainda havia muito preconceito em falar de tratamento clínico para sentimentos como tristeza e medo. Conciliando diagnósticos de ansiedade e dislexia, a vontade de ajudar os outros virou profissão e Fabio decidiu ser um "médico das emoções".

Mas praticar Medicina no Brasil não é fácil. Serviço público é uma tarefa para abnegados. Os médicos sofrem com a dificuldade do sistema em absorver os inúmeros casos que aparecem diariamente. Na medida do possível, todos são acolhidos na Santa Casa. O hospital é um dos mais procurados no Rio desde a sua fundação, no século XVI, apesar de recorrentes crises. Centenas de profissionais fizeram trabalhos sérios de pesquisa na Santa Casa, liderados por alguns dos melhores médicos do Brasil, como o cirurgião plástico Ivo Pitanguy, o neurocirurgião Paulo Niemeyer, o neurologista Sérgio Novis e o psiquiatra Jorge Alberto Costa e Silva.

No ambulatório psiquiátrico atuam grandes especialistas do país, como Vera Lemgruber, Analice Gigliotti e a chefe clínica Fátima Vasconcellos. Aos poucos, o atendimento a crianças e adolescentes se tornou referência não só na cidade do Rio, mas também no estado e no Brasil.

Tudo começou em 1999, quando Fabio, recém-formado, procurou Fátima se oferecendo para atender voluntariamente crianças e jovens, uma vez por semana. A chefe clínica do serviço topou. Em poucas semanas, a procura já era muito maior do que os dois haviam imaginado. Fabio, então, propôs dar um passo à frente e abrir um ambulatório. A ideia foi aprovada. O sentimento era de felicidade, mas também de desafio. O atendimento cresceu, ganhou estrutura física, mais profissionais e passou a ser reconhecido no hospital como um setor no serviço de psiquiatria.

A realidade se revelava um cálculo matemático impossível de ser equacionado: quanto mais se atendia, mais pacientes chegavam. Eram poucos os médicos para dar conta de tanta gente. A carência na formação dos jovens profissionais recém-saídos das universidades, especificamente no atendimento infantojuvenil, se mostrava evidente. Os formandos dominavam bem a teoria, mas não tinham a experiência, o conhecimento subjetivo, que não está nos livros: olhar nos olhos do paciente, saber ouvir os pais e ler nas entrelinhas.

Fabio e o time da Santa Casa criaram uma série de cursos de capacitação e atualização em saúde mental e psiquiatria infantil. Era preciso aumentar a equipe apta a atender à crescente demanda. Hoje é possível afirmar que a Santa Casa do Rio tornou-se um celeiro de talentos também nesta especialização da Medicina. Uma referência no país. É cada vez maior o número de profissionais formados e lapidados ali.

"Havia a fantasia de que as doenças psiquiátricas começavam apenas na adolescência. Hoje, 20 anos depois, o trabalho 'de formiguinha' do Fabio na Santa Casa confirmou que elas começam na primeira infância. O que fazemos aqui é a prevenção de casos mais graves no futuro, quando estas crianças já estiverem na vida adulta", afirma Fátima.

Atualmente, o ambulatório conta com dez médicos, 20 psicólogos, oito neuropsicólogos e quatro fonoaudiólogos. Todos voluntários, abraçando a causa e ganhando experiência. Em reconhecimento à qualidade do trabalho, o setor de psiquiatria infantil da Santa Casa recebeu a chancela da Academia Americana de Psiquiatria da Infância e Adolescência e do Royal College de Londres, duas referências mundiais.

A missão de ser um "médico das emoções", a que o jovem Fabio se propôs há 30 anos, finalmente estava concretizada.

3.
Toda sexta eles fazem tudo sempre igual

Os caminhos que levam pais e filhos ao Ambulatório de Psiquiatria Infantil da Santa Casa são os mais variados: dica de uma professora ou psicóloga, uma reportagem na imprensa, a sugestão de um médico ou, o que é mais comum, a indicação de um pai cujo filho já está em tratamento.

Pela sua localização central na cidade, no Castelo, crianças e jovens chegam ao hospital vindos dos mais diversos lugares. Marechal Hermes, Rocha Miranda, Honório Gurgel, Bangu, Realengo, Parque União, Lins, Água Santa, Irajá, Acari e Engenho da Rainha são bairros cujas linhas de ônibus têm seu ponto final na porta da Santa Casa. Sem falar na Central do Brasil, perto dali. Alguns vêm até mesmo de outros municípios.

Visto da Rua Santa Luzia, o prédio histórico da Santa Casa é imponente. Mas o ambulatório da psiquiatria não compartilha em nada da suntuosidade da arquitetura neoclássica do edifício principal. As consultas são feitas em uma pequena casa de dois andares, nos fundos do estacionamento. Se não chega a ser improvisado, tampouco conta com a estrutura médica ideal para quem atende tantas crianças. As melhorias vão sendo implementadas aos poucos: os banheiros foram reformados e um toldo, instalado em algumas vagas, para poupar as crianças e os pais das chuvas ou do sol inclemente do Rio de Janeiro. Várias vezes, a equipe médica precisou fazer reuniões dentro dos seus próprios carros para as crianças não serem desalojadas de uma das sete salas de consulta disponíveis.

A casa abriga diferentes grupos de trabalho ao longo da semana. Pacientes adultos, com depressão, anorexia, bulimia, dependências de drogas, de jogo e de sexo, por exemplo, são atendidos de segunda a quinta. Há alguns anos, a sexta-feira é exclusiva das crianças e dos adolescentes.

A procura começa cedo. Mesmo tendo hora marcada, já há fila de pais e crianças às sete e meia da manhã. Alguns, vindos de longe, chegam antes do horário previsto. Outros, esperançosos, buscam um encaixe não programado na agenda. Nunca voltam para casa sem atendimento. Por volta de nove horas a área externa à casa já está tomada por dezenas de pacientes entre 2 e 17 anos, correndo e brincando entre os poucos carros no pátio do estacionamento.

Na Santa Casa, eles são atendidos de graça ou mediante uma pequena taxa. Quase todos acabam pagando o valor simbólico de R$ 75 por consulta, para manutenção básica do espaço. Muitos dos medicamentos receitados também são oferecidos gratuitamente. Não é raro que algum médico da equipe, ao ver o desespero dos pais diante da falta de recursos, acabe assumindo o custo de um remédio fundamental no tratamento. Até a despesa da passagem de ônibus já foi arcada por um dos profissionais voluntários. Todos sabem que esta não é a postura recomendada, porém, a empatia se impõe: se não colaborarem com o dinheiro do transporte, aquele paciente não terá mais condições de retornar.

Enquanto aguardam, pais e filhos dividem duas salas de espera. A mais ampla, no térreo, serve a duas das salas de consultas e tem ventilador, bebedouro e televisão. No mesmo andar fica a mesa de Dona Dilma, secretária do serviço. É ela quem controla os agendamentos, à mão, em um antigo caderno pautado. Para responder quantas crianças haviam passado pelo ambulatório naquele dia, Dona Dilma vira uma, duas, três páginas do caderno e vai somando na calculadora: 36 pacientes antes das dez e meia da manhã.

No segundo andar, 20 pessoas, entre adultos e crianças, se acomodam como é possível no espaço de quatro metros quadrados, que serve a quem aguarda consulta em uma das cinco salas. O silêncio do começo da manhã é vencido com o passar das horas. Quatro mães conversam sobre as dificuldades dos filhos no colégio. "A minha foi brincar de pique-esconde e se escondeu mesmo: não aparecia mais. Tiveram que revirar a escola inteira", ri. "O meu deixa todo mundo passar na frente dele na fila da cantina. Acaba o recreio e ele não comprou o lanche", conta outra.

Se pais de diabéticos entendem tudo de insulina e de asmáticos são mestres em corticoides, quem cria crianças com transtornos mentais é praticamente psiquiatra sem diploma. Rapidamente, a sala de espera se converte em um improvisado congresso médico onde se trocam impressões sobre substâncias, princípios ativos, bulas e dosagens. "Meu filho não reagiu bem à Ritalina, ficou muito enjoado e sem fome", conta um dos pais. "Por isso acho o Trofanil mais seguro, mesmo sendo uma medicação mais antiga", diz outro.

Quando alguma criança entra em crise de choro por impaciência ou irritação, os adultos são compreensíveis: se está ali, tem um filho com autismo, depressão, ansiedade, hiperatividade ou déficit de atenção e conhecem as mesmas dores. Existem muito mais semelhanças que diferenças entre aqueles pais.

Não há lugar para todos se sentarem enquanto aguardam, mas o revezamento acontece de forma natural, quando alguém se levanta para beber água ou atender uma ligação ao celular. Por mais que as consultas sejam com hora marcada, a espera é longa. O agendamento prevê o tempo médio de consulta em uma hora, mas, com frequência, ele é extrapolado. Quando um médico fecha a porta de um consultório com um pai e uma criança, o mundo lá fora tem que esperar. E nada de jaleco ou roupas sociais. Os médicos se sentam no chão e brincam com a garotada quando é necessário. Ouvindo e percebendo sua dinâmica com os outros e com o próprio espaço é que se torna possível entender as crianças. Esse processo, às vezes, é mais demorado do que se imagina. Daí um atraso puxa outro atraso, que puxa outro atraso... E um paciente marcado para dez horas pode acabar sendo chamado apenas às onze da manhã. Poucos pais reclamam, porque sabem que quando for a sua vez terão a mesma atenção dos pacientes atendidos anteriormente. "Mas se reclamam, explico que sou voluntária e que o meu pagamento é o café, por isso bebo tantos copinhos", diverte-se Gabriela. "Geralmente, os pais se espantam com essa informação, acham que somos funcionários do hospital.

Sabendo que somos voluntários, o olhar deles passa a ser outro: eles entendem que é o amor de verdade que move o setor", explica.

E quando são chamados... invariavelmente abrem um enorme sorriso! Quando a psiquiatra chama a menina Fernanda, a mãe suspira, aliviada. É o fim da espera. "Sabe quantas pessoas aguardam a oportunidade de ter o filho atendido aqui? Eu espero o quanto for preciso!", afirma. Seu dia havia começado às cinco da manhã, quando deixou o marido e o filho mais novo dormindo em casa, em Cabo Frio, para vir ao Rio de ônibus com Fernanda. Acabada a consulta, pegarão uma condução até a Rodoviária Novo Rio para, finalmente, voltar para casa de ônibus numa viagem que leva cerca de três horas.

Assim corre mais uma manhã de sexta-feira, onde cerca de 40 crianças são atendidas no espaço de algumas horas. "Isso aqui é a minha cachaça. É trabalho, mas não é trabalho. É uma troca", diz o pediatra e psiquiatra infantil Nelson Macedo, pai de três meninas. "Estou aqui há quase dez anos, sem ganhar nada". Ele se corrige em seguida: "Mentira. Recebo carinho".

Do lado de fora da Santa Casa, colado ao muro do hospital, camelôs vendem ervas para chás que prometem cura para todo tipo de doença: "amor do campo" para miomas, "alfafa" para raquitismo, "unha de gato" para câncer pulmonar, "espinheira santa" para lepra. Do lado de dentro, o que se faz é um milagre: mais de 25 mil crianças avaliadas e atendidas em duas décadas. "Somos o 'primo pobre' que salva vidas", resume a chefe Fátima Vasconcellos.

4.
A medida da tecnologia

Os tablets e smartphones que servem de babá eletrônica para as crianças no engarrafamento de trânsito ou em mesas de restaurantes não são uma exclusividade das classes média e alta. Eles também estão na sala de espera dos consultórios. "Sempre me chamou a atenção a questão do videogame. Ricos ou pobres, todos sempre têm um joguinho à mão. A diferença é que o rico compra o último modelo na viagem aos Estados Unidos e o mais pobre compra a versão pirata no camelódromo da Uruguaiana", conta Gabriela.

Não é uma missão fácil manter sob controle uma dúzia de crianças ansiosas ou hiperativas confinadas em uma sala de quatro metros quadrados, sem ar-condicionado, em pleno verão carioca. E para isso, o melhor amigo dos pais são mesmo os games, tablets e tudo mais que o mundo digital possa oferecer.

Especialistas alertam para o impacto da tecnologia e das redes sociais na vida de crianças e adolescentes. Tamanha quantidade de informação pode dificultar a capacidade de foco, atenção e gerar ansiedade. Cabe aos pais filtrar o conteúdo a que os filhos têm acesso e controlar o tempo em que ficam conectados ao computador.

"Dr. Fabio, e se um tsunami invadir a Praia de Icaraí e destruir o meu prédio?", perguntou um menino de 5 anos, diagnosticado com transtorno de ansiedade, dias depois de uma onda gigante ter causado mortes e caos na Tailândia, em 2004. Como acontece cada vez com mais frequência, os pais perderam o controle sobre as informações a que os filhos são expostos. A tragédia do outro lado do mundo virou assunto em todas as rodas de conversa por aqui: entre as babás no parquinho, entre as professoras na escola, na corrida de táxi.

Algo semelhante ocorreu após o massacre de Realengo, no Rio de Janeiro, em 2011, quando um homem entrou na Escola Municipal Tasso da Silveira com dois revólveres e disparou contra os alunos, matando 12 adolescentes com idades entre 13 e 16 anos. O episódio chocou o Brasil e o mundo, e dominou o noticiário. Por mais que os pais tentassem poupar as crianças, elas chegavam à Santa Casa revelando o medo de serem mortas em plena sala de aula.

Seria tolice ignorar que a tecnologia é uma realidade. Ainda mais no mundo de crianças e jovens: é pela tecnologia que eles se divertem, jogam, se informam, interagem, se comunicam e... namoram.

Fabio Barbirato lembra de Guilherme, um paciente autista na faixa dos 20 anos, morador de Petrópolis, cidade da Região Serrana do Rio, que chegou ao consultório com enormes dificuldades de sociabilidade. O jovem, bonito e inteligente, não tinha oportunidade de mostrar às meninas quem realmente era. Incapaz de olhar nos olhos ou entender metáforas, elas logo o rotulavam como um rapaz estranho e se afastavam antes que ele pudesse desenvolver qualquer assunto. Uma barreira aparentemente impossível de ser transpassada.

Até que... Guilherme descobriu o Tinder! A distância imposta pelo aplicativo de relacionamentos funcionou como o atalho perfeito para estabelecer o primeiro contato. Protegido pela tela do celular, não havia julgamento se Guilherme era incapaz de entender um duplo sentido ou se não estabelecia contato visual. O rapaz foi com sede ao pote: queria recuperar pelas redes sociais todas as azarações que a vida havia lhe sonegado, tão comuns na sua idade.

Dezenas de garotas, alheias a sua condição de autista, "deram match" no perfil de Guilherme. O caminho estava aberto, pronto para ser trilhado. Sem pressa, ele ia conversando sobre tudo: o filme que assistiu no cinema, a última viagem, o livro que pretendia ler. Assim, encantando uma a uma, Guilherme foi administrando as paqueras. Nas redes sociais, onde cada um inventa um personagem para si, Guilherme se destacava sendo apenas ele mesmo.

Com o passar dos dias, a interação progredia e mudava para o WhatsApp. Trocavam fotos e intimidades. Sem muito esforço, as garotas se encantavam por Guilherme. Nada mais de julgamentos apressados sobre suas limitações: as meninas já conheciam o verdadeiro Guilherme, o que sempre esteve lá, mas que acabava descartado pelo preconceito e pela desinformação.

Quando chegavam ao ponto de marcar um encontro, em Petrópolis ou no Rio, a parte mais difícil do caminho já estava percorrida. Foi a partir de um desses papos de aplicativo que Guilherme perdeu a virgindade, aos 21 anos, cercado de ansiedade e expectativa, como qualquer pessoa.

A dificuldade em se aproximar pessoalmente do sexo oposto virou um hobby divertido pelo aplicativo. E assim ele começou a colecionar histórias com diferentes mulheres, de todas as idades. Guilherme chegava ao consultório ansioso para relatar suas novas conquistas ao doutor Fabio.

Por algum tempo, engatou um breve namoro com uma menina. Guilherme frequentou sua casa, conheceu os parentes, marcou presença nos almoços de família, mas o relacionamento acabou não seguindo adiante e eles perderam o contato.

Depois de um ano de farra juvenil, a fase de administrar dezenas de "likes" passou. Guilherme amadureceu. Mesmo com todas as limitações inerentes à condição de um autista, ele é um jovem mais seguro, consigo e com o mundo.

Se a tecnologia pode trazer muitos problemas, para alguns também pode ser a solução.

5.
Trouxeste a chave?

Luciana andava cismada de que havia algo errado com seu filho. Diferente das outras crianças da rua, Lucas pouco falava aos 2 anos de idade. Chegou a procurar um otorrinolaringologista, achando que o menino fosse surdo. Não era. Ela já tinha conhecido crianças com necessidades especiais, mas não pensou que fosse o caso do seu garoto.

"Pare de procurar cabelo em ovo, minha filha! Quem procura acha...!", dizia a avó, evitando reconhecer qualquer problema no atraso da fala do neto. Mas intuição de mãe não falha. Luciana chegou ao ambulatório da Santa Casa quando o filho já tinha 4 anos. Lucas foi submetido aos testes e exames protocolares. A avó estava certa: Luciana procurou e – por sorte – achou. Lucas recebeu o diagnóstico de espectro autismo. "Atraso na fala e dificuldade de interação com o mundo são sintomas claros de transtorno de desenvolvimento", afirma Gabriela Dias.

"Apesar de todo o preconceito que ronda o autismo, ele está mais presente do que se pensa. Estima-se que o distúrbio faça parte da vida de uma em cada 68 crianças, segundo a Organização Mundial de Saúde. Só no Brasil, existem dois milhões de crianças diagnosticadas com espectro autismo, mas imagina-se que este número possa chegar a três milhões, contando os casos ainda não identificados", explica Fabio.

Quando a mãe foi informada sobre o comportamento clássico de um autista, a realidade do que viveram nos últimos quatro anos passou a fazer sentido. Não há cura para o autismo, mas quanto mais cedo se chega ao diagnóstico, maiores são as chances de a criança ter um comportamento semelhante às demais. E era isso que, de certa forma, acalmava Luciana: o filho, que por tanto tempo foi um enigma para a família, agora tinha um ponto de partida para ser compreendido, uma chave que abrisse a porta de seu mundo.

Como é comum entre os autistas, Lucas tem um assunto fixo de interesse: é capaz de ficar horas estudando as rotas e mapas no Google Maps. Ele cita, de memória, todas as ruas, avenidas e estradas dos mais de 500 quilômetros do percurso que separam sua casa, em Duque de Caxias, na Baixada Fluminense, até Vitória, no Espírito Santo, onde passa as férias escolares na casa do avô materno.

A repetição era outra compulsão do menino. Se a ida a qualquer lugar fosse por um trajeto, a volta tinha que ser pelo mesmo caminho. Ônibus cheio, nem pensar. Lucas só entrava em ônibus vazio. "Cansei de ficar duas horas em pé no ponto deixando passar um, dois, três ônibus até que ele pudesse entrar sem ter uma crise de ansiedade", conta Luciana.

Qualquer barulho mais alto o perturbava: aparelho de som, furadeira, fogos de artifício. Palmas na hora de cantar o "Parabéns pra você" virava um problema sério a cada aniversário. "Eu ia explicando para ele que aquilo era um gesto de alegria, não tinha razão para ter medo. E, a cada ano, ele foi chegando mais perto da mesa do bolo", lembra Luciana.

Mãe de outros dois filhos, hoje adultos, Luciana reconhece que protegeu o caçula autista. Ninguém na família sabia ao certo como lidar com aquela criança diferente das outras. Ano após ano, todos foram amadurecendo. Hoje, aos 12 anos, ele reclama quando os irmãos não implicam. Lucas quer apenas ser tratado como o caçula de qualquer outra família.

Luciana identifica diferenças entre o filho pré-adolescente e os amigos da mesma idade. Lucas é mais imaturo e não se interessa por festinhas ou namoradas. Para quem já teve que descer de ônibus lotado pedindo desculpas aos outros passageiros, não é nada grave. Ela se dá por satisfeita com algo muito mais simples: "Hoje meu filho é capaz de falar sobre seus sentimentos".

Luciana reconhece que o tempo foi um aliado e acha que, se tivesse demorado mais a pedir ajuda, teria hoje um filho dependente. "A criança caiu no chão? Deixa cair. Toda criança cai no chão, não só a autista. Na próxima vez vai só cambalear e na seguinte já levanta sozinho", diz a mãe.

Em paralelo ao tratamento na Santa Casa, Luciana ia educando o filho e reaprendendo a ser mãe. "Eu falava para o Lucas: mamãe vai ligar o liquidificador. E ligava. Eu não o poupava do barulho. Porque sabia que a vida não o pouparia em nada fora de casa", conta

Luciana. "Esse é um ponto interessante deste caso: a persistência dos pais na independência da criança. É um exercício trabalhoso, porém gratificante", pontua Fabio Barbirato.

Entre os médicos, é corrente a expressão "cérebro acessório": são aqueles pais que acham que podem se antecipar e responder pelo filho em todas as situações. Mesmo com boa intenção, invariavelmente, acabam deixando as crianças mais dependentes e inseguras. Era o comportamento que Luciana evitava. "Existem crianças incapazes, mas existem muitos pais que incapacitam os próprios filhos", desabafa.

Professora da rede municipal, Luciana já testemunhou alguns colegas desdenharem de alunos com necessidades especiais. "Toda criança tem uma chave que dá acesso ao seu mundo. Cabe aos adultos ter a paciência para descobrir a chave de cada criança. Meu filho não falava, mas eu sabia que ele tinha voz", conclui, emocionada.

Depois de oito anos de tratamento na Santa Casa, Lucas está na sexta série, nunca repetiu de ano e estuda em uma classe sem qualquer favorecimento por seu autismo. Não toma medicação, tem amigos na escola e acompanhamento constante de fonoaudióloga e psicóloga. "A melhora de seu quadro é reflexo da busca precoce por ajuda: 80% dos casos de autismo podem ser amenizados se o diagnóstico for feito antes dos 3 anos de idade", explica Fabio.

O menino que se perturbava com ruídos hoje enfrenta todos os barulhos de uma rua movimentada para ir à padaria sozinho. Lucas deseja ampliar seus "mapas": agora é ele quem propõe à mãe mudar a rota na volta para casa e testar novos caminhos.

6.
Casais se separam, pais são para sempre

Luciana, a mãe de Lucas do capítulo anterior, é taxativa: a doença do filho nunca colocou seu casamento em risco; ao contrário, a uniu ao marido de forma definitiva. Se ele não se sentia muito seguro para ajudar, ao menos estava ao seu lado, para dar suporte. Infelizmente, é uma exceção. Os transtornos psiquiátricos em crianças e adolescentes não mexem apenas com a vida dos pacientes. Eles causam um efeito dominó que atinge a dinâmica de toda a família: pais, avós, irmãos, filhos.

Crianças autistas, deprimidas, esquizofrênicas ou hiperativas naturalmente demandam mais atenção e exigem a presença física dos adultos. É comum que os pais se martirizem por questões que passam ao largo das famílias ditas "normais". Tamanha responsabilidade faz com que eles se vejam angustiados diante do seu próprio fim. "Quem irá cuidar do meu filho quando eu morrer?", se perguntam.

Na casa de Marisa, era impossível dormir quando João, seu filho autista de 6 anos, cismava em bater palmas. Horas a fio, sem parar. O gesto era alheio à vontade do próprio menino, que sofria com a compulsão. Na rua, seu comportamento era exemplar, mas bastava entrar em casa para que um gatilho disparasse o comportamento repetitivo do garoto. Dividindo o mesmo teto que João – e o mesmo quarto – estava Hugo, seu irmão mais velho, formando em Direito, que tentava desesperadamente dormir para acordar em condições de encarar a prova da OAB, às oito horas da manhã no dia seguinte. Marisa sangrava por dentro. O coração de mãe ficava apertado, balançada entre as dificuldades dos dois filhos. João só parou de bater palmas às três da madrugada, com as mãozinhas esfoladas, vencido pelo cansaço. Marisa não podia contar com o pai dos meninos: ele havia abandonado o lar há meses.

A exemplo de Marisa, geralmente são as mães que sacrificam a rotina de compromissos para acompanhar os filhos não apenas nas consultas, mas também no dia a dia. Acaba sobrando para elas negociarem com o patrão a entrada mais tarde no trabalho porque o filho precisa ir ao médico.

Alguns pais tentam dar conta do recado. Carlos é um menino hiperativo, que demanda atenção frequente. A mãe não podia abrir mão do trabalho para vigiar o filho. Também não podia contar com nenhum parente próximo. Coube ao pai de Carlos decidir que a criança o acompanharia no emprego. Pedreiro, ele teria a oportunidade de observar o filho, sem precisar deixar o trabalho. Não durou uma semana. O pai não teve sossego no canteiro de obras com a criança correndo de um lado para o outro: o menino conseguiu quebrar os dois braços em poucos dias.

Não é raro o pai abandonar o lar quando o filho é diagnosticado com esquizofrenia ou autismo, duas das doenças que mais desestabilizam a rotina de uma família. Um pai chegou a culpar a esposa pela enfermidade do garoto. A responsabilidade não poderia ser sua porque os genes de sua família "eram bons".

"É muito comum recomendarmos que os adultos também tenham acompanhamento psicológico, e não apenas a criança, como forma de proteger a família e manter a saúde psíquica dos responsáveis", afirma Fabio Barbirato. "Mas quando as diferenças entre pai e mãe são inconciliáveis, invariavelmente o dano acaba reverberando no filho", completa Gabriela.

André foi levado à Santa Casa com apenas 5 anos. Reativo às consultas, seu comportamento era agressivo e agitado. Aos poucos, chegou-se ao diagnóstico de bipolaridade. Mesmo tão pequeno, André tinha um discurso recorrente: dizia que queria ser presidente do Brasil. Questionado sobre a razão de ambicionar tal posição, o menino foi objetivo: "O presidente é aquele que manda em todos". Os médicos pediram para conhecer os pais. Juntos no consultório seria impossível: há três anos os dois só se falavam por advogados. Ser presidente do Brasil foi a forma que André encontrou de responder com autoritarismo à guerra que assistia entre quem mais deveria lhe dar proteção.

Casados ou separados, os pais transmitem a educação pelo exemplo. Francisco Assumpção, professor da USP e colaborador na Santa Casa do Rio, relembra que uma mãe chegou em seu consultório reclamando que o filho mentia muito. Poucos minutos depois, ao atender o celular durante a consulta, mentiu que estava em outro lugar à pessoa com quem conversava, na frente do médico e do filho. "Ouço todo dia no consultório: 'Falei pro meu filho, mas ele não aprende'. E não aprende mesmo. Criança aprende vendo, não aprende escutando", afirma o médico, que mensalmente aterrissa no Rio para dar aulas na Santa Casa.

Casamentos nem sempre acabam bem. Mas quando há crianças em jogo, os pais não devem negligenciar o compromisso que construíram em comum: educar e proteger o filho que tiveram juntos.

7.
As surpresas do caminho

Depois de um ano e meio na emergência do Hospital Miguel Couto, a jovem Gabriela Dias, então com 20 anos, tinha duas certezas: queria trabalhar com crianças em idade pré-escolar, mas não desejava ser pediatra. A rotina diária de sofrimento dos pequenos no hospital da Gávea a estimulou a buscar novos caminhos. "Eu queria dar qualidade de vida às crianças e não vê-las morrer", resume.

Em 2000, após uma aula de Fabio Barbirato na faculdade, ela decidiu pedir um estágio e aprender mais sobre psiquiatria infantil. Dois anos depois, Gabriela se formou e tornou-se a primeira médica do setor na Santa Casa, como assistente de Fabio. Passados cinco anos dividindo consultório, o convívio frequente entre os dois virou namoro e, em seguida, casamento. "Uma vez me disseram que amo tanto o meu trabalho que me casei com ele", brinca Gabriela.

Eram muitos os interesses em comum: além da psiquiatria infantil, tinham enorme apreço por viagens e gastronomia. Filhos não estavam entre os interesses imediatos do casal. Uma criança pequena esperando em casa tiraria a liberdade que os dois tanto apreciavam: poder jantar fora, emendar um congresso médico com dias de folga nos Estados Unidos ou fazer um curso de atualização na Europa.

Mas... em 2009, Gabriela ficou grávida.

E o que muda na vida de um casal de psiquiatras infantis com a chegada de um filho? Tudo. Gabriela e Fabio se viram obrigados a rever seus conceitos e hábitos: menos jantares em restaurantes e adiamento de viagens longas. Era preciso estar presente, como sempre disseram aos pais das crianças que atendiam.

Mas foi inevitável também reavaliar a forma como exercem a profissão. "Ser mãe mudou a médica que eu sou. Mudou o olhar para o paciente e a relação com as famílias. Por exemplo, sempre recomendei aos pais que eles não deviam ceder à tentação de levar o filho para a cama do casal. Desde o nascimento do Bruno, em 2010, eu entendo quem não resiste depois do quarto ou quinto choro na madrugada", ri.

Fabio endossa a postura de ceder em alguns comportamentos. "Tinha sérias restrições quanto ao uso de tablets por crianças. Mas hoje eu sei que no lugar certo e na duração correta, pode ser muito bem-vindo", diz. A paternidade lhe deu a segurança e a qualidade de ser mais afetivo e atencioso com os pais na hora de transmitir o diagnóstico das crianças. Mas, ao mesmo tempo, aumentou sua exigência para que eles aceitem e façam o tratamento dos filhos. "Tenho condições de me colocar no lugar do pai e cobrar mais. Quero que os pacientes tenham o máximo de melhora possível", explica.

Os dois sorriem sobre a "sorte" de Bruno ter dois pais psiquiatras. "O que mais atrapalha ou contribui na criação do Bruno é que a gente percebe famílias muito permissivas e, conhecendo as consequências, cobramos demais dele", assume Fabio. "Mas também entendemos completamente quando um pai ou uma mãe afirma que o filho é o maior amor da sua vida", diz Gabriela.

Se a chegada de Bruno foi um susto e uma alegria, o diagnóstico de um câncer de mama, em 2015, fez Gabriela parar para pensar. A médica havia mudado de lado: agora era paciente, com todas as ansiedades e preocupações. "Entendi a profundidade de olhar e de ouvir quando precisei ser olhada e ouvida também", afirma. Em dois anos de tratamento, ela precisou passar por duas cirurgias e tratamento hormonal.

Gabriela reconhece que sua doença a transformou numa profissional melhor: com os médicos que a atendiam, aprendeu que as consultas não deveriam ser essencialmente técnicas, passando a dedicar mais tempo a cada paciente e, com isso, transmitindo mais segurança e amenizando a dor das famílias. "Hoje eu sei o que significa para uma mãe chegar ao consultório arrasada porque o filho hiperativo ou autista não foi convidado para o aniversário do coleguinha de turma e ela não sabe o que dizer a ele. Meu filho e meu câncer mudaram minha forma de fazer Medicina", conclui Gabriela.

8.
Janelas abertas

Foi um amigo em comum quem marcou de apresentar Mauro a Natália. "Vocês têm que se conhecer", disse ele. E assim foi. Numa noite quente de sábado, eles se conheceram em um quiosque na Praia da Bica, na Ilha do Governador, no Rio. Mauro pediu chope. Natália ficou na água de coco. O papo fluiu bem e o interesse foi mútuo. No dia seguinte, combinaram de assistir juntos a um jogo do Flamengo, time do coração de Mauro. "Eu te ligo amanhã de manhã", disse a Natália, quando se despediram.

Oito, nove, dez, onze horas da manhã. Nenhum sinal de Natália. Mauro estranhou, mas evitou se preocupar à toa. Ela pode estar enrolada no trabalho, pensou. Ao meio-dia, tocou seu celular. Um número desconhecido apareceu no visor. "Parece que a gente sabe quando uma notícia ruim vai chegar, né?", relembra Mauro, sobre aquela manhã de segunda-feira, em 2011.

Do outro lado da linha, a assistente social do Hospital Moacir do Carmo, em Duque de Caxias, procurava a forma mais delicada de dar a notícia. "A senhora Natália está internada e chama pelo senhor. Por favor, venha o mais rápido possível", disse. Mauro, supervisor administrativo em uma empresa no Centro, deixou o trabalho às pressas e foi ao encontro da jovem no hospital.

Chegando lá, o choque. Um homem armado havia abordado Natália dentro do ônibus, em Xerém, quando ela estava a caminho do trabalho. Obrigou-a a descer, a estuprou seguidas vezes, a assaltou e ameaçou ir atrás dela, caso contasse a alguém o ocorrido.

Mauro se viu responsável pela mulher que conhecia há menos de 48 horas. Três dias depois, a polícia entrou em contato informando que havia prendido um suspeito. Natália teria que ir à delegacia fazer o reconhecimento do bandido. Foram dias de angústia. A hipótese de estar de novo no mesmo ambiente que aquele homem a transtornava. Por fim, Natália venceu o medo e a vergonha. O estuprador foi reconhecido não apenas por Natália, mas também por outras mulheres: ele já havia feito mais quatro vítimas em três dias. "O bandido que abusou da tua garota tá sozinho naquela sala. Entra lá e dá um pau nele", sugeriu um policial. Mauro recusou. "Se ele for o culpado, que pague pelo que fez na Justiça", respondeu. Condenado, o estuprador cumpre 15 anos de prisão.

Mauro cuidou das feridas de Natália, físicas e emocionais. A moça tinha dificuldade em ficar sozinha, a sensação de insegurança era constante. Com muito custo, ele a convenceu a fazer um curso noturno de enfermagem, mas ela se sentia perseguida pelo estuprador em todos os lugares.

Para Mauro, era preciso seguir adiante com a vida, dentro do possível, e o casamento poderia ser um bom aliado. De fato, os meses que antecederam o matrimônio foram menos conturbados, diante das muitas decisões e preparativos. Os dias de pânico pareciam ter passado. "O casamento mudou o foco do trauma", conta.

Pouco depois de um ano, Natália engravidou. A expectativa pela criança encheu o casal de alegria durante os meses de gestação. Mas o nascimento de Antônio, em 2016, mexeu com os sentimentos da mãe. O que parecia um problema solucionado voltou à tona: medo e paranoia. Natália dizia que via o estuprador em todos os lugares. Vinte dias após o fim da licença-maternidade, ela pediu demissão do emprego, tamanho era o seu pânico. De nada adiantava Mauro dizer que o bandido fora preso: a jovem mãe só se sentia segura em casa, com o bebê nos braços.

Natália passou a cuidar da casa e do pequeno Antônio, enquanto Mauro trabalhava 15 horas diariamente. Ele saía assim que o sol raiava e retornava apenas à noite. Quando perguntava pelo dia de Natália e do bebê, ela era evasiva e desconversava. Ressabiado, Mauro ficou mais atento e descobriu que a esposa não apenas evitava sair com a criança, como a mantinha em casa de janelas e portas trancadas. Nada de parquinho, de sol da manhã, de brincadeira com coleguinhas: o medo fez Natália e o pequeno Antônio reféns dentro da própria casa. "Nunca vou esquecer a imagem daquelas janelas trancadas. Mas era complicado, eu passava o dia no trabalho. O que eu poderia fazer?", questiona Mauro.

"O caso de Mauro, Natália e Antônio retrata a importância do núcleo familiar sadio na constituição psíquica das crianças. Elas são como esponjas: mais que tudo, aprendem pelo exemplo do comportamento e experiências de vida que testemunham de pais ou responsáveis", afirma Fabio Barbirato.

Pouco depois, quando a criança tinha quase 2 anos, o casal estranhou o comportamento de Antônio. Ele ainda não falava e não esboçava qualquer sinal de atenção ao ser chamado pelo nome. Os pais começaram a investigar todas as possibilidades – de surdez a atraso de desenvolvimento –, mas não chegavam a nenhuma conclusão.

Uma primeira consulta com um especialista indicou que o menino sofria de transtorno psiquiátrico. O tratamento indicado consumia quase um terço da renda da casa. Mauro, que já se via na condição de ter que apoiar a mulher, agora seria obrigado a também oferecer suporte ao filho doente.

"Se alguém diz que você tem câncer, você segura. Mas com o teu filho... Eu me sentia fraco, como homem e como pai. Como alguém trabalha há 26 anos e não consegue cuidar da saúde do filho?", se emociona Mauro. O desespero o levou a cogitar tirar a própria vida, para que a esposa usasse o dinheiro da pensão no tratamento de Antônio. "Pensei bem e achei que não era a melhor solução... Deus não gosta de confusão", justifica. Um dia, lendo jornal, Mauro esbarrou em uma entrevista do psiquiatra Fabio Barbirato sobre o atendimento às crianças na Santa Casa. "É lá que vão cuidar do meu menino!", disse.

Antônio está em tratamento no Ambulatório de Psiquiatria Infantil da Santa Casa há quase seis meses. Para chegar ao diagnóstico de espectro autismo foi necessário mais tempo que o padrão habitual. "Uma criança sem estímulo, que não é provocada dentro de situações sociais cotidianas, não pode apresentar o desenvolvimento esperado. Eu quis que os pais mudassem alguns comportamentos que tinham até então para reavaliarmos o menino depois de ser exposto a todas as situações a que uma criança passa cotidianamente", explica Gabriela Dias.

A evolução no comportamento de Antônio já começa a ser percebida. Por sugestão dos psiquiatras do filho, Mauro também começou a ter acompanhamento psicológico. O homem que, há oito anos, se viu responsável pela mulher que mal conhecia, agora trata de cuidar de si mesmo, para o bem da família que construiu. Natália também passará a ter acompanhamento psiquiátrico em breve.

"O quadro de autismo de Antônio era agravado pela situação traumática vivenciada pela mãe, isolando-o de experiências sociais fundamentais para o desenvolvimento sadio de uma criança. Cada idade pede um alcance de maturidade específico. Cabe a nós, pais, privá-las de sofrimentos aquém da sua capacidade", completa Gabriela.

Atualmente, o casal mora ao lado dos pais de Natália, para que ela ganhe mais confiança. Agora, quando Mauro não está presente, Natália e Antônio vão ao parquinho ou ao mercado. Se ficarem em casa, é por opção, nunca por medo. E de janelas abertas.

9.
Irmãos

Quando soube que estava grávida do segundo filho, Lúcia achou por bem matricular na creche o mais velho, Roberto. Ela acreditava que iniciar a socialização do menino, de 1 ano e 8 meses, evitaria crises de ciúmes em casa, depois do nascimento do caçula. Como diz o ditado, Lúcia atirou no que viu e acertou no que não viu.

Poucas semanas após o início das aulas, Lúcia foi chamada à creche. A orientadora educacional desconfiava que havia alguma coisa diferente em Roberto: ele não interagia com as crianças, sempre buscava o isolamento.

Diante da carência de profissionais especializados em Barra de São João, no interior do estado do Rio, onde mora, Lúcia acabou levando Roberto a uma consulta com um neurologista. Após uma breve conversa, sem sequer fazer qualquer avaliação ou exame mais aprofundado, o médico foi taxativo: o menino era hiperativo. E aconselhou: "Não precisa fazer nada não, quando ele crescer isso passa... Só fica de olho, porque são esses que costumam ser usuários de drogas quando se tornam adultos". Uma enxurrada de desinformação e preconceito em uma única frase. Lúcia deixou a consulta insatisfeita e transtornada. "Como um profissional que ficou menos de meia hora com meu filho pode ser tão categórico?", questionava-se.

A mãe pulou de médico em médico por quase dois anos, até um colega do trabalho comentar sobre o atendimento às crianças na Santa Casa. Ela e Roberto encararam as quase três horas de estrada para ouvir a opinião dos especialistas. Recebido por Gabriela, responsável pelas crianças em idade pré-escolar, o menino passou por algumas consultas de investigação para se chegar a um diagnóstico. Roberto foi atendido por uma fonoaudióloga e um psicólogo para avaliar suas habilidades sociais e a articulação das palavras. Ele não apresentava atraso na fala e isso despertou em Gabriela a suspeita de um autismo leve. E lá se vão dez anos... "Posso dizer que encontrar a Gabriela e a equipe da Santa Casa mudou a minha vida", diz Lúcia.

Desde então, mãe e filho vêm aprendendo, dia a dia, como é conviver com o autismo. Apesar das notas acima da média na escola, Roberto tem dificuldade de organização, de se inserir em rodinhas de colegas e, por isso, volta e meia fica deslocado. Ao final do primeiro ano, vendo vários amiguinhos mudarem de escola, Lúcia optou por também transferir o filho, para preservar sua rede social.

Mas quando chegou à pré-adolescência, em que as conversas giram em torno de paqueras e namoradas, Roberto não conseguiu acompanhá-los e o pior aconteceu: para se afirmarem diante das meninas e dos garotos mais velhos, seus melhores amigos começaram a fazer bullying. "É duro ver seu filho se decepcionar com quem mais confia. Como ele tem dificuldade de rompimento, insistia nessas amizades que o humilhavam. Chegou a um ponto em que pedi para mudarem o Roberto de turma", conta Lúcia.

Esperto, o menino notou que havia alguma coisa de diferente com ele. "Mãe, eu acho que eu sou autista", disse Roberto, certa noite. Lúcia foi pega de surpresa e perguntou por que o filho afirmava aquilo. "Procurei na internet e descobri que tenho o comportamento parecido com o de vários autistas". Lúcia entendeu que era a hora de conversarem: "Expliquei que ele tem um tipo leve de autismo, mas que não era melhor nem pior que qualquer outra pessoa".

Quando o caçula Sandro nasceu, Roberto e Lúcia, bem ou mal, já tinham criado uma dinâmica para lidar com o transtorno. Mas à medida que o bebê crescia, Lúcia ia intuindo que algo estava errado... Só agora ela consegue olhar com mais leveza para o momento da vida em que se viu com dois filhos autistas. "O fato de conhecer a doença não me ajudou. Foi mais difícil encarar o segundo diagnóstico do que o primeiro", confessa. Sandro é um caso de autismo mais grave em comparação ao irmão mais velho.

"Está cientificamente comprovado que transtornos psiquiátricos resultam de carga genética. Doenças como ansiedade, depressão e autismo são transmissíveis entre as gerações com mais frequência até que a bronquite. Na família de Lúcia não foi diferente: depois de três consultas, seu marido se lembrou que havia casos de autismo na sua ascendência familiar. Diante da inevitabilidade da genética, é preciso aprender a lidar com os sintomas que se apresentam e ganhar em qualidade de vida", afirma Gabriela Dias.

O casamento de Lúcia sucumbiu a tantos atropelos. O pai não

conseguiu dar conta da doença dos filhos. Ela prefere assim. "Autista tem que ter a vida regrada e ele mais me atrapalhava do que ajudava, além de mostrar falta de paciência com os meninos", diz. Lúcia organizou a vida em função das consultas médicas e terapias dos filhos. "Somos nós três por nós três", resume a mãe, diante da pilha de pastas com relatórios médicos e prontuários dos meninos, organizados ano a ano.

A capacidade de interação social de Sandro é baixa: apesar de não sofrer bullying, passa o recreio sozinho todos os dias. Outro dia, ele apareceu com um amigo em casa. O primeiro, em quase 11 anos de vida. Lúcia não teve dúvida: autista. "Fechei o diagnóstico do amiguinho de olhos fechados, tamanha é a minha experiência", conta, aos risos. A mãe acredita que a identificação deles veio justamente da possibilidade de verem o mundo da mesma forma.

Esta não foi a primeira vez que ela conseguiu reconhecer uma criança com algum tipo de transtorno mental. Lúcia trabalha na área de perícia de um posto de saúde. "Vejo muitas Lúcias por aí...", afirma, sobre a mãe desorientada que já foi um dia. Para ela, o pior que uma mãe pode fazer pelo filho é se atolar na fase de negação. Isso provoca a perda de um tempo precioso. "A primeira infância é fundamental, porque as crianças ainda são moldáveis, muita coisa pode ser feita por eles e cada minuto faz diferença".

Apesar da emoção, não há rancor quando Lúcia fala do autismo dos filhos. "Minha força vem da gratidão. Eu sou muito grata à vida. Testemunhar a evolução dos meus meninos é uma vitória", resume a mãe, antes de devolver os prontuários dos filhos à prateleira da sala.

10.
Uma casa com problemas

A amizade de Conrado, de 4 anos, com Bruno, de 15, dava alegria à família. Apesar da diferença de idade, o menino era unha e carne com o primo. Ficavam os fins de semana juntos, brincando ou jogando videogame. O entrosamento era tanto que Bruno foi morar com os parentes. Mas tempos depois, Conrado começou a apresentar um comportamento estranho: tinha medo de escuro, dores no corpo, ânsias de vômito e rejeição à ideia de ficar sozinho, mesmo que por poucos instantes. Cinco anos se passaram, até que a madrinha de Conrado começou a desconfiar que Bruno pudesse estar abusando sexualmente do primo. A desconfiança se tornou certeza e a vida de Conrado nunca mais foi a mesma.

Desde que os abusos foram descobertos, Conrado tem acompanhamento psicológico. Mas todas as tentativas de tratamento nos últimos cinco anos não surtiram efeito. Na escola, sofreu bullying: era xingado e apanhava dos outros meninos da turma. Uma vez, viraram um latão de lixo sobre sua cabeça. Evitava assistir às aulas porque sabia que, no final do dia, iriam machucá-lo.

Aos 8 anos, Conrado começou a se cortar nos braços e nas pernas. "Eu gostava de ver o sangue correr", justifica. Aos 9, o menino tentou suicídio pela primeira vez, se afogando no mar. Aos 11 anos, arriscou se enforcar. Em 2018, depois do que define como "um dia muito difícil", ingeriu uma dose de Zolpidem com Rivotril para criar coragem de se enforcar novamente. Mas o efeito dos medicamentos o dopou e evitou o pior: Conrado passou uma semana internado, desintoxicando o corpo dos remédios.

Sem saber a quem mais recorrer, a mãe levou Conrado, hoje um adolescente de 14 anos, à Santa Casa. Na entrevista com os médicos, o jovem hesita: ao mesmo tempo que tenta chocar, mostra uma enorme fragilidade. Ele explica que sofre de "crises emocionais" que acabam por "mudar o seu jeito de ser".

Conrado divide o mesmo teto com a mãe, a avó, um casal de tios e a irmã, de 11 anos, no que define "uma casa com problemas". Acha que viver é "tedioso" e se contraria em ter que dar satisfações aos adultos. "Quando eu convivo com eles, o meu desejo de viver diminui", resume. A exceção é a avó: é nela que reside o pouco de afeto que Conrado se permite demonstrar.

Conrado afirma que já consumiu álcool algumas vezes, mas nunca usou drogas ilegais. "Tenho a maior vontade de experimentar LSD e ecstasy!", confessa o rapaz, com a ingenuidade que explicita sua pouca idade, apesar de já ter enfrentado tanto na vida. Nas horas vagas, cultiva os hábitos de qualquer adolescente: planeja estudar Design na faculdade, gosta de jogos, de fazer desenhos e de navegar na internet. Sem inibição, ele conta que participa de grupos de bate-papo de suicidas e sobre sadomasoquismo. "Tenho prazer em aplicar e sentir dor", diz. Há apenas um ano, quando Conrado já tinha 13 anos, é que a mãe começou a monitorar o que o filho via na internet.

Recentemente, Conrado se queixou de alucinações auditivas. "São vozes distorcidas, que mandam eu me cortar". A força da carga genética, mais uma vez, se apresentava: o avô do adolescente era esquizofrênico e a avó sofria de depressão.

O caminho do tratamento de Conrado será longo. A avaliação neuropsicológica concluiu que ele tem personalidade Borderline. "Ele sofre de grande instabilidade emocional, tem comportamento impulsivo e oscila entre sentimentos intensos de amor e de ódio. Como agravante, tem transtorno depressivo entre moderado e grave, além de quadro de ansiedade", diagnostica Fabio Barbirato.

Somada à adolescência, que naturalmente já não é uma época fácil da vida, Conrado tem uma série de traumas acumulados, que precisará enfrentar pelos próximos anos. A equipe de psiquiatria infantil da Santa Casa receita medicamentos controlados. Ele faz terapia e tem consultas uma vez por mês.

E assim foi. Em 30 dias, Conrado e a mãe estavam de volta para uma primeira avaliação do tratamento. O jovem afirma que não teve pensamentos suicidas nas últimas semanas. A bermuda deixa ver um corte na perna, que ele justifica como resultado de uma "confusão de sentimentos". Seu humor ainda muda abruptamente. Com frequência dá respostas ríspidas, especialmente se for contrariado. Conrado assume que ainda tem irritação dentro dele, mas acredita que agora está "abafada pelos remédios". Como as notas na escola não andam boas, a mãe vetou o acesso do filho ao celular. Na abstinência da vida digital, furtou o aparelho de um colega de colégio.

Antes de se despedir, Conrado diz que, se pudesse, gostaria de fazer três pedidos à vida: que seus 18 anos cheguem logo para "eu poder responder por mim mesmo"; que o tratamento para a depressão da avó tenha êxito ("não quero perdê-la"); e que possa, no futuro, viver um dia perfeito. O que seria um dia perfeito? "Um dia daqueles que dá gosto de ter vivido", responde.

Em 30 dias, Conrado estará de volta à Santa Casa.

11.
'Rain Man'

Seu Raimundo poucas vezes levanta os olhos enquanto fala. Ele parece buscar as palavras no livro que tem nas mãos, um exemplar de "Emissários do diabo", do autor pernambucano Gilvan Lemos. "Isso ele puxou a mim: o menino gosta de ler", diz, orgulhoso, a respeito do filho Yuri, de 18 anos. "Uma vez a gente levou quatro dias de carro, do Rio a Natal, e ele foi lendo aquele 'Crônicas de Nárnia', conhece? Quase 800 páginas. Chegou lá com o livro lidinho, de cabo a rabo".

Os cabelos brancos e o rosto levemente marcado pelo tempo sugerem que Seu Raimundo seria avô de Yuri. Falsa impressão. "É meu caçula. Temporão. Quando ele nasceu, eu e minha esposa já tínhamos 44 anos", conta. A esposa, Dona Rosa, não se desvia do entrelaçado dos fios de lã verde do tricô enquanto o marido fala.

"Assim como a ciência aponta que mães que engravidam depois dos 45 anos aumentam a chance de filhos com síndrome de Down, também há estudos que indicam que homens acima de 50 aumentam a probabilidade de filhos dentro do espectro autismo", explica Fabio.

Correndo os dedos na lombada do livro, Seu Raimundo conta que Yuri frequenta o ambulatório da Santa Casa há seis anos, por sugestão de um amigo. O diagnóstico de hiperatividade, com que o rapaz convivia até então, não era compatível com seu comportamento. Foi a equipe de Fabio e Gabriela que descobriu que Yuri era autista.

Desde criança, os pais percebiam algo no menino que definem como "especial". Yuri era precoce para a sua idade. Antes dos 3 anos já reconhecia figuras geométricas e sabia cantar músicas inteiras. "Não era música infantil não, eram aquelas letras difíceis do Djavan", lembra o pai, numa mistura de orgulho e estranheza. Seu Raimundo tinha em casa uma espécie de Raymond Babbitt, o inesquecível autista dotado de altas competências, interpretado por Dustin Hoffman no filme "Rain Man".

Na escola, Yuri apresentava interesse seletivo. A aversão à sala de aula era compensada pelas horas e horas na biblioteca. O menino não suportava a projeção de slides ou filmes em uma sala escura. Os sinais de seu autismo já estavam todos ali, mas os professores foram incapazes de percebê-los. "A escola não estava preparada. Em vez de acolhê-lo, convidaram o Yuri a se retirar", lembra Seu Raimundo.

No segundo grau, o jogo virou. Os pais transferiram Yuri para um colégio em que ele contava com uma mediadora: uma profissional dedicada exclusivamente a acompanhá-lo em sala de aula. "O potencial dele já estava ali, só precisava ser despertado". Com o acompanhamento, a velocidade de aprendizado de Yuri mudou. O patinho feio se tornou o melhor aluno da turma.

Os bons resultados não o livraram do bullying. Uma colega de turma, filha de um Policial Militar, cismou que iria namorá-lo. Ela só não sabia que namorar não estava na lista de prioridades do rapaz. Encostar em Yuri ou forçá-lo a fazer algo que não quer são duas das coisas que mais atiçam a sua irritabilidade. Não deu outra: a insistência foi tanta que um dia Yuri deu um soco na desavisada. Entre os colegas, a fama de "bicha" perseguiu o rapaz por meses. "E pra explicar pro PM que meu filho não é igual aos outros rapazes?", recorda-se o pai, rindo.

A dificuldade de sociabilidade, Seu Raimundo resolveu em uma associação de pais e amigos de pessoas autistas. É lá que Yuri tem liberdade para ser quem é, entre pessoas iguais a ele. "Até na Festa Ploc ele dançou", recorda o pai.

Da infância, Yuri guarda uma amizade, a única, que o acompanha desde os 8 anos. Como é comum aos autistas, o rapaz tem um enorme instinto de proteção para com esse amigo. "Embora o amigo tenha meio corpo a mais de altura que o Yuri", sorri o pai. Ele confessa se sentir impotente em relação ao mundo que o jovem vai encontrar. "É um pouco angustiante para um pai não ver o telefone de casa tocar com os colegas procurando seu filho, chamando pra sair".

Yuri acaba de terminar o segundo grau. Os pais estão em busca de uma escola técnica para o filho estudar computação ou programação de jogos. "Quando ele não tá lendo, tá jogando". Durante toda a conversa, o rapaz ficou em silêncio, sem largar o celular.

Yuri vai à Santa Casa de três em três meses, para uma consulta rotineira de revisão. O medo do escuro melhorou. Os pais ainda não conseguem levá-lo ao cinema, mas há dois anos o filho passou a desligar o abajur do quarto na hora de dormir.

A grande diferença de idade entre os pais e o filho, que jamais será totalmente independente, é a maior preocupação de Seu Raimundo. Além dos pais, o caçula tem apenas o irmão 15 anos mais velho, assim como o personagem de Dustin Hoffman só podia contar com Charlie Babbitt, o irmão interpretado por Tom Cruise. "Ele sabe que os pais são velhos e que quando não estivermos mais aqui...", diz o pai, 62 anos, silenciando em seguida, para procurar as palavras.

"Ele sabe", conclui.

12.
O preço do corpo 'perfeito'

O shortinho jeans desfiado, o tênis colorido e o sorriso tímido que deixa entrever o aparelho fixo nos dentes entregam os 12 anos de Renata. O corpo de menina, que começa a ceder espaço às curvas de moça, esconde um dos mais recorrentes transtornos alimentares: a anorexia.

A dieta radical adotada por Renata foi encontrada na internet. Em plena adolescência, quando o organismo pede uma alimentação rica e saudável, ela passou a comer míseras folhas de alface e rodelas de tomate. Pulava refeições e mentia que já tinha se alimentado na rua. Abriu mão até dos biscoitos recheados, sua paixão na hora do recreio. Se os pais pediam que tomasse um copo de leite, a menina se servia de apenas dois dedos. Mais do que isso, ela não conseguia beber. Chegou a ficar quase 48 horas sem ingerir nada além de água.

Comer deixou de ser uma prática rotineira para se converter em um momento de sofrimento. Quando os pais pediram socorro ao Ambulatório de Psiquiatria Infantil, Renata estava desnutrida, pesando apenas 38 quilos, depois de ter perdido 20.

O sinal amarelo acendeu para o pai quando a família foi a um restaurante. Em vez do rodízio de pizza, um de seus pratos preferidos, a menina escolheu uma porção de carne com legumes. Desde então, ficou com a impressão de que algo ia errado com a filha, mas achou melhor não enfrentá-la. Se ela estava insatisfeita com seu corpo e queria emagrecer, que fosse acompanhada por um especialista em um tratamento planejado. Renata ia com má vontade às consultas com a nutricionista. Na sua cabeça, era uma perda de tempo. Ela já tinha a fórmula que a levaria rapidamente à magreza: comer cada vez menos.

Os pais não sabem ao certo a razão de Renata ter desencadeado o quadro anoréxico. O palpite dos familiares é um possível bullying que ela estaria sofrendo nas aulas de ginástica olímpica: ao mudar do grupo infantil para a turma jovem, a menina não se encaixou no padrão de corpos longilíneos tão comuns nesse esporte. Teria sido o suficiente para virar alvo de implicância das colegas. "Adolescentes podem ser muito cruéis", lamenta a tia da jovem. Desde então, Renata entrou nessa espiral de busca pelo "corpo ideal" que jamais alcançaria, pelo simples fato de que ele não é ideal, muito menos saudável.

Renata é altamente influenciada pelas redes sociais. Ela acompanha com voracidade os perfis de artistas, todas magérrimas, com as costelas à mostra em maiôs de grife, a bordo de iates em praias que dificilmente conhecerá. Um prato cheio (e triste) para uma menina com quadro de ansiedade associado à anorexia: além da severa restrição alimentar, Renata ficava dando voltas e voltas em torno da mesa de jantar, na tentativa de emagrecer mais rápido. "Estamos em uma sociedade que preconiza valores distorcidos. O vício em celular, quase uma extensão do braço, aliado ao culto da mídia à magreza, está deixando nossas crianças doentes", lamenta a tia.

O que a pouca idade de Renata não a permite ver é o comércio por trás dos posts das autointituladas "influenciadoras digitais", estimulando a busca incansável por um padrão físico irreal para a maioria das meninas. "Infelizmente, é muito comum adolescentes se influenciarem pelos seus ídolos e ficarem obcecadas por mudanças de aparência. É um forte gatilho para o desenvolvimento de transtornos alimentares ou de imagem", esclarece Fabio Barbirato.

Na Santa Casa, Renata é paciente de um tratamento multidisciplinar, que alia psiquiatras, nutricionistas e psicólogos. Ela já tem entendimento que o que fez é radical e danoso à saúde. Mas não existe jogo ganho: os especialistas precisam fazer o acompanhamento e monitorar possíveis recaídas.

No processo de reequilíbrio do organismo, o corpo cobra. E cobra caro: a jovem começou a desenvolver uma adicção por doces, numa tentativa desenfreada de seu corpo em reter calorias. Ela está sendo obrigada a reaprender a se alimentar, a entender o tamanho das porções e a assimilar a importância de comer a cada três horas. "É como se a Renata tivesse virado um bebê. E nós a estamos educando tudo de novo", conclui a tia.

13.
Até que a vida os separe

Nada de delírios megalomaníacos. O sonho da vida de Adriana, hoje com 34 anos, era simples: casar, ter filhos e constituir uma família. Ela conheceu o marido Pablo, 22 anos mais velho, nos corredores do hospital onde ambos trabalhavam como radiologistas. De plantão em plantão, engataram no namoro, pouco depois se casaram e foram morar juntos. O sonho de Adriana caminhava a passos largos para se tornar realidade.

Aos 29 anos, pariu Daniel. Nos primeiros meses, ele foi um bebê como qualquer outro. Mas à medida que crescia, o menino começava a apresentar suas particularidades. Aos 2 anos, quando tentava falar, não se fazia entender. Quanto menos era compreendido, mais irritado ficava. E quanto mais irritado ficava, menos conseguia se comunicar. Era um ciclo nocivo, que fazia não só o menino sofrer mas também a mãe, vendo a agonia do filho. Adriana sentiu que estava na hora de pedir ajuda.

Depois de passar três anos pulando de neurologista em neurologista, sem fechar nenhum diagnóstico, Adriana bateu às portas da Santa Casa, às vésperas de Daniel completar 5 anos. O comportamento do menino, meio aéreo, com a fala e a coordenação motora atrasadas, a recorrente agressividade em casa e na escola, somados aos exames médicos, levaram ao diagnóstico de déficit de atenção.

Daniel tem enorme dificuldade de se envolver em atividades ou brincadeiras. Agora com 5 anos, até reconhece o próprio nome, mas é incapaz de escrever uma letra sequer. "Ele simplesmente não se interessa pelas coisas", resume a mãe.

Quando Daniel tinha um 1 ano e 11 meses, Adriana deu à luz a segunda filha. A atenção dos pais passou a ser dividida por dois, além da puxada carga de trabalho e todas as outras ocupações inerentes à vida adulta. O casal precisava de reforço e a mãe de Adriana juntou-se à família, no pequeno apartamento no Méier, subúrbio do Rio de Janeiro.

Conseguiram levar a vida assim por alguns meses, até que quem precisou de socorro foi a mãe de Pablo, de 84 anos, depois de enfrentar quatro cirurgias na coluna. Ele teve que escolher: cuidar da mãe significava se separar da esposa e dos filhos, mesmo que provisoriamente. Apoiado por Adriana, Pablo se mudou para a casa da mãe.

Sem trabalhar desde o segundo parto e sem o marido por perto, Adriana precisou economizar dinheiro. A melhor solução encontrada foi abrir mão do apartamento onde moravam. Mudaram-se para a casa da sua mãe, uma senhora de 70 anos, que também requer atenções de saúde. "Quando eu precisei, ela me ajudou. Não posso virar as costas agora. Virei mãe da minha mãe e dos meus filhos ao mesmo tempo", diz Adriana.

Desempregado, Pablo conseguiu uma ocupação bem distante da sua formação em radiologia: trabalha no caixa de uma estação do BRT, das 16h à meia-noite.

Pelas circunstâncias da vida, muito mais fortes que o desejo do casal, há dois anos Adriana e Pablo, embora casados, vivem a 23 quilômetros de distância um do outro. Ele, morando com a mãe. Ela, com a mãe e os filhos. Pablo aparece aos sábados para visitar as crianças.

O telefone de Adriana toca. Era Pablo, querendo saber como tinha sido a consulta de Daniel naquela manhã quente de verão. "Ele é presente. Do jeito que dá, mas é presente. Em quantas casas o marido tá deitado ao lado da esposa na cama, mas com a cabeça longe dali?", conforma-se a esposa.

O futuro que Adriana idealizava – casar, ter filhos e constituir uma família – se concretizou. Mas não exatamente como ela sonhava.

14.
Abraçando a imperfeição

Marlene passava da sala para a cozinha de casa, atarefada com os afazeres do dia cheio, quando se deteve ao ver a filha Emília, de 4 anos, brincando sozinha no quarto. "Ela agia de um modo diferente das outras crianças", explica. Se o jogo era de encaixar as peças, Emília as empilhava. Se era para separar por cores, ela os enquadrava por tamanhos. "Era como se tivesse uma outra lógica. Uma lógica dela", resume a mãe.

Marlene compartilhou com o marido suas inseguranças com relação à filha. "Mas ela é tão esperta!", ele respondeu. "Esperta para algumas coisas", ponderou a mãe, fazendo um pedido: "Comece a reparar".

Aos poucos, certos comportamentos de Emília, que até então eram percebidos como idiossincrasias infantis, trouxeram estranhamento ao casal. "Ela se apegava a um objeto qualquer e, de repente, passava a ser a coisa mais importante da vida. Se acordasse e cismasse com um copo, teria que levá-lo a todos os lugares durante o dia". Os pais também passaram a desconfiar de sua estranha mania de dar nome de gente aos objetos do cotidiano: "Até um certo ponto eu não me importei. Mas depois confesso que comecei a achar esquisito ela chamar o lápis ou o caderno por um nome".

O comportamento repetitivo aparecia de outras formas. Mesmo com a fala um pouco atrasada, Emília repetia trechos de músicas por horas e horas. "E o pior é que nem era a música toda, só uma ou duas frases. Eu ficava louca!", relembra a mãe.

Há dois meses Emília é acompanhada pela junta médica do Ambulatório de Psiquiatria Infantil da Santa Casa e a suspeita até aqui é que seu quadro seja de espectro autismo leve. O cuidado dos pais em identificar qualquer diferença na menina é compreensível. Emília "engana" bem: à primeira vista, foge a qualquer estereótipo de autista. Ela mais parece uma personagem de desenho animado. Com duas marias-chiquinhas no topo da cabeça, Emília interage com as outras crianças e, com os adultos, ri, brinca, faz perguntas e tenta interromper a mãe, delicadamente, para dizer que quer ir ao banheiro.

O corpinho magro, escondido no vestido lilás, evidencia dificuldade em ganhar peso. A seleção gustativa de Emília é criteriosa: nada de doces, chocolate, hambúrguer ou batata frita. Farofa não come porque traz uma sensação áspera à boca. "A seletividade alimentar é uma das características mais comuns do autista. O que para muitos pode parecer 'frescura' é um sintoma concreto do transtorno", explica Fabio.

Sua enorme ansiedade para aprender as coisas diminuiu. Os pais acham que Emília está mais focada. "Para responder a uma pergunta simples, ela era capaz de falar de Japão e de futebol na mesma frase", exemplifica a mãe.

No entanto, o comportamento de Emília não chamou a atenção dos professores na escola ou na academia de balé. A menina interage com os coleguinhas e cumpre as atividades. "Ela foi a única criança da classe a conseguir executar as cinco coreografias nas apresentações de fim de ano, sabia?", orgulha-se a mãe. Marlene optou por não contar nada sobre a doença da filha aos professores, pelo menos por enquanto. "Se eles não repararam nada de diferente, não sou eu que vou falar. Não quero ser a primeira a rotular minha filha", resume seu sentimento. Fabio Barbirato, por sua vez, ressalta que um transtorno mental não deve ser entendido como um rótulo. "O preconceito ainda é muito enraizado", lamenta.

O maior desafio Marlene está enfrentando onde menos esperava: em casa. As irmãs do marido não aceitam a ideia de que Emília possa ter qualquer transtorno, mesmo que leve. Elas chegavam a desdenhar do atraso na fala da menina. "Criança é assim mesmo: 'de repente' começa a falar", diziam para Marlene. "Ou 'de repente' nunca chegam a falar. Por que eu esperaria pelo 'de repente' da minha filha?", provoca a mãe, hábil em identificar o xis do problema. "No fundo, elas têm dificuldade em reconhecer que a sobrinha não é perfeita. Mas amar também é reconhecer e abraçar a imperfeição", sentencia.

No meio da conversa, Emília some do raio de visão da mãe. Marlene não se preocupa. "Tem grilo não, daqui a pouco ela aparece aqui contando alguma novidade". Dito e feito. Emília reaparece 15 minutos depois. Cansada de esperar a mãe parar de falar para levá-la ao banheiro, ela foi sozinha. Marlene estimula a independência da filha. "Não alimento os medos da Emília. Ela precisa aprender a se impor, porque a vida está lá fora esperando por ela. E a vida não alivia pra ninguém", defende a mãe, enquanto ajeita o laço de fita na maria-chiquinha de Emília.

15.
Tal pai, tal filha

O trabalho como segurança na Santa Casa, há quase 20 anos, deu a Celso a chance de ajudar muitas pessoas. Volta e meia, aparecia um parente ou amigo em apuros com os filhos, e Celso se prontificava a tentar atendimento no Ambulatório de Psiquiatria Infantil. Mas a vida é pródiga em aprontar das suas... "Nunca imaginei que chegaria o dia da minha menina. A gente acha que problema só acontece na casa dos outros", reconhece.

Maria Beatriz é uma menina meiga, de apenas 6 anos. É o tipo de criança que chora por tudo: se alguém não quer brincar, se é chamada de feia, se ouve "não" de qualquer pessoa. Não é dengo ou birra, porque a menina puxa para si toda a responsabilidade de tais atitudes: na sua cabeça, ela é a culpada. "Se não querem brincar comigo, é porque eu tenho algum problema", dizia. Curiosamente, o sinal amarelo sobre o sentimento de inferioridade de Maria Beatriz não veio da escola, mas da observação dos pais. "Acho que os professores nem reparam. Ou se reparam, não querem problema", critica a mãe.

"A palavra aqui é autoconfiança, que está diretamente ligada à assertividade. Se a criança sabe ou não lidar com situações difíceis ou incômodas para ela. E essa é uma construção que se faz ao longo da vida. Filhos de pais extremamente protetores ou permissivos têm chances de serem pouco assertivos, possibilitando o desenvolvimento de quadros depressivos ou ansiosos. Qualquer crítica sobre as crianças se tornam maremotos em suas cabecinhas, distorcendo o real", explica Fabio Barbirato.

Na Santa Casa, foi diagnosticado o quadro de enorme ansiedade de Maria Beatriz, somada à sua baixa autoestima. "Ainda bem que detectamos a tempo. Se a gente não corresse, ela poderia estar em depressão hoje", diz o pai, aliviado. Sem tomar qualquer medicamento, Maria Beatriz vai à psicóloga uma vez por semana, há seis meses.

Os pais a levam juntos à Santa Casa e esperam, por uma hora, sentados debaixo da marquise, se protegendo do sol escaldante. A espera não é vista como um castigo, mas uma sorte. "Quantos médicos conceituados que hoje atendem em consultório particular bacana na Zona Sul não começaram aqui?", questiona Celso, sem tirar o paletó do terno em nenhum momento, apesar do calor de 40 graus.

Andressa, a mãe, define a filha como "uma águia". "A menina passa uma hora nesse consultório sozinha com a terapeuta, sem dar defeito nenhum", diz ela, entre orgulhosa e surpresa.

Mas em casa o comportamento é diferente. Apesar da pouca idade, Maria Beatriz mostra seu temperamento: odeia ser contrariada e desafia os pais com respostas ríspidas. "Eu até pergunto pra ela: precisa falar com tanta ignorância? Ela joga com o sentimental, pra ver se a gente vai recuar", analisa Andressa. No meio desse fogo cruzado está Diogo, o filho mais velho de Andressa, fruto de seu primeiro casamento. "Por ela ser desse jeito, existe uma distância entre os dois. São oito anos de diferença entre eles, os interesses já são outros. Ele fala com a irmã quando é pra mandá-la parar de chorar", lembra a mãe.

O nascimento de Maria Beatriz mexeu com os sentimentos de Diogo de forma radical: ele foi diagnosticado com depressão e teve acompanhamento de psicóloga por quatro anos. "Quando Maria Beatriz nasceu e vi a atenção que o Celso dava a ela, entendi o tamanho do buraco no coração do Diogo pela ausência de 12 anos do pai dele, que não o procura. Ele se sentia injustiçado e com razão", reconhece Andressa. Coração de pai novato é generoso e Celso entendeu o papel que poderia passar a ter não apenas para Maria Beatriz, mas também para Diogo. "Até então, eu não tinha sido um pai pra ele, mas apenas uma presença", confessa.

Andressa sente que está conseguindo se aproximar mais do filho, hoje com 14 anos, agora que é adolescente. "Outro dia eu fui deixar o Diogo na matinê de uma festinha e ele quase morreu de vergonha porque eu fiz questão de entrar e conhecer o ambiente. Quer morrer de vergonha, pode morrer! Eu faço o meu papel de mãe... Mas quando eu fui buscá-lo à noite, ele me contou que beijou cinco bocas", orgulha-se. "Não sei por quanto tempo meu filho vai ser meu amigo, né? Tenho que aproveitar", diz Andressa.

Nitidamente vencendo uma resistência em se expor, Celso admite que a filha pode ter herdado traços de sua personalidade. Ele também foi uma criança tímida e assume que, até hoje, sofre com certa fobia social. Recentemente, para aumentar a renda, se cadastrou como motorista em um aplicativo de táxi. No primeiro dia, rodou por toda a Zona Sul do Rio, por horas, cancelando as corridas. Não teve coragem de pegar sequer um passageiro. Apenas a ideia de que um desconhecido entraria em seu carro já era suficiente para o coração disparar e as mãos ficarem geladas.

Celso reconhece que foi o caçula mimado. Assim como Maria Beatriz. A diferença é que ele pode sair em socorro da filha. "Minha mãe não teve condições de perceber que eu precisava de ajuda", afirma. Mas ele acha que nunca é tarde para começar: por conta própria, Celso acaba de se inscrever num grupo de terapia para adultos, também na Santa Casa. "Pais afetivos e atenciosos, que dão espaço à criança, sem a tolher, fornecem um arcabouço de confiança para os filhos crescerem mais fortes", explica Fabio.

Andressa carrega outra realidade de infância, diferente do marido: seus pais se separaram, mas os quatro irmãos ficaram juntos, morando com a avó. O pai sumiu no mundo e a mãe aparecia apenas no Natal. "Mãe não, né? Mãe mesmo é a minha avó", se corrige. Passados 30 anos, a mãe biológica voltou a procurar Andressa e os irmãos. "Agora, que o trabalho já foi todo feito pela minha avó...", resiste.

A infância sem pai nem mãe fez com que Andressa amadurecesse depressa, sem tempo ou espaço para acessos de timidez, como os do marido ou da filha. Ela admite ter dificuldade em entender a educação infantil de hoje em dia: diz que os pais estão com medo dos próprios filhos. "Aprendi que quanto mais baixo você fala, mais a criança presta a atenção. Mas às vezes o chinelo tem que aparecer", resume, com sua pedagogia particular.

A hora passa rápido e Maria Beatriz volta da consulta com a psicóloga. A menina conta que na semana seguinte começaria o ano letivo na escola. "E já sabe, Beatriz: se a amiguinha não der atenção, não tem por que chorar, né? A gente acha outra coleguinha pra brincar", aconselha a especialista.

Aos poucos, os pais estão fortalecendo a filha. Se não for a melhor do balé, tudo bem. Se não tirar nota máxima na prova, faz parte. Passo a passo, vão estimulando a autoconfiança da menina, num processo que ainda levará alguns anos.

16.
Neymar, 10

Rodrigo é diferente dos outros meninos de 14 anos. As suspeitas começaram quando ele ainda era bem pequeno. Com 4 ou 5 meses, fase em que bebês começam a engatinhar, ele sequer conseguia se apoiar nos cotovelos. A mãe, Consuelo, temia que o filho pudesse ter alguma sequela do parto prematuro, de oito meses. Talvez uma coisa simples, facilmente tratável. Ouviu do neurologista que o filho sofria de retardo mental irreversível.

Aos 7 meses, Rodrigo já era acompanhado na Associação Brasileira Beneficente de Reabilitação, no Rio de Janeiro, onde ficou até os 2 anos. Com o passar do tempo, concluiu-se que o menino não tinha dano neurológico ou motor: a origem do problema de Rodrigo era psiquiátrica.

Foi a deixa para que Consuelo procurasse apoio no Ambulatório de Psiquiatria Infantil da Santa Casa. Lá, a junta médica concluiu que, além do retardo, Rodrigo também padecia de autismo. De seus

14 anos de vida, 12 foram passados na Santa Casa, em visitas a cada dois meses. "Tenho que falar cinco vezes para ele entender uma", explica a mãe sobre o que parece um detalhe, mas que na verdade resume a rotina ao lado de uma criança que demanda tantas atenções, entre crises de agressividade e teimosia.

O interesse de Rodrigo está voltado mesmo é para o futebol, sua grande paixão. Com o celular nas mãos, assiste no Youtube a uma edição de gols do maior ídolo: Neymar. Os vídeos se repetem, em sequência. Ele não cansa. Quando chegam ao final, Rodrigo logo pula para outro. E outro. E outro. "A repetição e o interesse em um único assunto são duas características clássicas do autismo", explica Fabio Barbirato.

Os olhos grandes e expressivos de Rodrigo só desviam da telinha quando ouve o nome do jogador aparecer na conversa. "O time dele é Neymar. Toda vez que ele muda de time, eu tenho que comprar tudo de novo: boné, camiseta... Já foi Santos, já foi Barcelona, agora é Paris sei lá o quê...", se diverte a mãe.

Na fase da vida em que adolescentes começam a pensar em uma profissão para seguir, Rodrigo ainda se esforça para alcançar o básico: aprender a ler e escrever. Ele já reconhece letras e números, mas é incapaz de reproduzi-los. O menino estuda em uma turma para crianças especiais, com apenas três colegas em sala. Sabendo da paixão de Rodrigo por futebol, a professora lançou mão do que tinha de mais atraente para vencer todas as barreiras e alfabetizá-lo: foi com os nomes e números nas camisetas dos jogadores que o menino ganhou intimidade com a escrita. Graças a Neymar, Rodrigo conheceu as letras N, E, Y, M, A, R. Também aprendeu que o 10 vem depois do 9 e antes do 11. A Lionel, Rodrigo deve as letras M, E, S, S, I. Ele também foi apresentado ao C, A, V, A, N, I. E assim por diante. Graças ao olhar sensível e atento da professora, o futebol está, finalmente, conseguindo alfabetizar Rodrigo.

No recreio ou nas horas de lazer, o menino brinca com crianças de 5 ou 6 anos, que se equiparam à sua idade mental. Ele se diverte fingindo ser o Homem de Ferro, personagem que o ator Robert Downey Jr. encarnou no cinema. A exceção é o esporte. "Futebol ele joga com os meninos da mesma idade", ressalta Consuelo, orgulhosa.

A voz doce e o corpo magro de Consuelo ainda se desdobram para achar tempo para a filha mais velha, de 17 anos. A relação entre os irmãos nem sempre foi fácil: quanto mais Rodrigo demanda atenção, mais ciúmes isso gera em casa. A mãe faz um esforço para entender a filha. Sabe que tem em mãos uma missão difícil. "Se eu, que sou a mãe, às vezes perco a paciência...", pondera.

Nos momentos de fraqueza – e eles aparecem com alguma frequência – Consuelo encontra conforto num grupo de apoio a pais de autistas. "É um lugar para cuidar de quem cuida", resume. Ainda jovem, com 43 anos, Consuelo se preocupa com o futuro do filho. "Se eu morro hoje, não vou ter sossego. Viro alma penada pra poder ficar perto do Rodrigo". E completa, se justificando: "É o meu menino."

Rodrigo é diferente dos outros meninos de 14 anos. Mas é igual a todos os meninos de 14 anos.

17.
Mãezona

Os 130 quilos de Carla distribuídos em apenas 1,75 metro dão a ela uma aparência de muito mais idade do que os seus 36 anos. Seu caminhar é lento, balançando o corpo de um lado para o outro, equilibrando-se sobre os pés inchados. "Só de olhar pra comida eu já pego peso", brinca, justificando sua obesidade mórbida.

A falta de agilidade nos movimentos faz com que Carla controle os três filhos no grito. Literalmente. É aos berros que ela chama por eles ou impõe ordens. As crianças, de 12, 10 e 3 anos, correm no pátio da Santa Casa à espera da consulta do caçula. "Quer um?", oferece Carla, abrindo um pacote de biscoitos recheados. Os filhos cercam a mãe e, em poucos segundos, os quatro dão conta de todo o lanche. Alertada de que os biscoitos seriam pouco recomendáveis para quem está com tantos quilos acima do peso, Carla desconversa. "Isso aqui não é nada. O problema é que eu gosto é de uma moquequinha que o meu marido faz... Baiano, né, já viu! O homem cozinha como o diabo", suspira, com os olhos brilhando.

Na festa de aniversário de 2 anos do caçula Matheus, a mãe notou uma coisa esquisita: em nenhuma das fotos ele olhava para a câmera. Não adiantava tentar repetir o registro, o menino simplesmente não respondia. Parentes, então, relataram à mãe que, quando o chamavam, ele não atendia.

O marido, com quem está casada há 17 anos, tentou demovê-la de qualquer suspeita sobre a saúde do filho. "Tive que ouvir, algumas vezes, que eu estava vendo coisa que não existia", lembra. Hoje, Carla desconfia que, na verdade, o marido evitava trazer mais problemas para dentro de casa: o casal e os três filhos moram na Cidade de Deus e a família sobrevive com a renda de um salário mínimo. Só com o diagnóstico de Matheus em mãos, o pai deu o braço a torcer ao óbvio: o filho tem grave atraso na fala e baixíssima interação social, resultado de um autismo moderado.

A alta procura pelo atendimento no Ambulatório de Psiquiatria Infantil obrigou Matheus a passar algumas semanas na fila de espera. Mas um dia o telefone de Carla tocou. "A gente se depara com tanta porta fechada nessa vida... Aí um dia recebe um telefonema para agendarem a consulta do seu filho. Foi muita emoção", relembra. Sentada diante dos médicos, a mãe só conseguia chorar: ela estava absolutamente exausta e recém-saída de uma depressão que lhe custou a internação, por um mês, no Hospital Psiquiátrico Philippe Pinel, onde ganhou ainda mais peso e preocupação. "As primeiras consultas na Santa Casa eram mais para ela do que para o filho", explica Gabriela Dias, que trata de Matheus.

Ao receber o diagnóstico, Carla correu para a internet em busca de mais informações. Péssima ideia. "As piores coisas do mundo estão lá. Achei que meu filho estava condenado". A alternativa, escolhida por Carla, era encarar o problema e não esconder de ninguém a condição especial do menino. "Hoje, quando eu falo da doença do Matheus numa roda, rapidinho aparece alguém para contar que o filho também tem alguma coisa. As pessoas têm vergonha de tocar no assunto, mas basta o primeiro abrir a boca...", ri.

"O preconceito ainda existe, porém, com a informação cada vez mais disseminada nos meios de comunicação e nas redes sociais, as pessoas estão começando a falar sobre o tema e a se expor. Nesse sentido, são ótimas ferramentas para que a sociedade conheça melhor os transtornos psiquiátricos", avalia Gabriela.

Carla já começa a ver os resultados do tratamento. Depois de dois anos cochilando por poucas horas, o menino finalmente dormiu uma noite inteira. "Levantei às 10h da manhã, assustada, por ele não ter me acordado. Corri na cama e ele ainda estava lá. Sabe o que é ver seu filho dormir uma noite inteirinha pela primeira vez? Eu nem acreditei!", diz.

Enquanto a mãe conversa, é a filha mais velha quem dá conta de Matheus: pega no colo, ajuda a subir no banco, desce o garoto da grade. Provocada com a pergunta se o caçula teria duas mães em casa, em referência ao seu zelo com o irmão mais novo, ela abre um sorriso esperto, pensa por rápidos segundos e olha para Carla. "Ela é uma mãezona", diz a menina, antes de baixar os olhos.

"Enquanto tratamos do Matheus, também vamos orientando a Carla sobre a importância de ela estar em boa forma física para conseguir dar conta dos filhos", alerta Gabriela.

O dia era de festa para os quatro. Pela primeira vez, Matheus olhou para uma câmera, para fazer a foto do cartão do passe de transporte RioCard. "Mas isso não vale, né? Meio mixuruca. No próximo aniversário, vou fazer outra festa pra gente ter uma foto dele sorrindo, finalmente", promete a mãe, enquanto abre um segundo pacote de biscoito.

18.
A primeira vez

Em meio às dezenas de pais e mães na sala de espera do Ambulatório de Psiquiatria Infantil da Santa Casa, um casal se distingue. Ele, consultor de investimentos, veste calça social cáqui e camisa de manga longa azul, com os punhos milimetricamente dobrados. Ela usa um vestido bem cortado e maquiagem carregada. Se define como uma "mãe em tempo integral", apesar de ser advogada e ter exercido a profissão por alguns anos. "Que mãe tem paz num tribunal, sem hora para sair, sabendo que seus dois filhos esperam em casa?", questiona.

Eliane e Leonardo, 39 e 34 anos, respectivamente, estão na Santa Casa pela primeira vez. Em uma das mãos suadas de ansiedade, ele segura um pedaço de papel amassado. É a senha de número 01. A consulta está marcada para as 9h30, mas eles chegaram com uma hora de antecedência, para garantir que seriam os primeiros. O casal não tem tempo a perder na busca por respostas em relação à saúde de Nicolau, filho mais velho, prestes a fazer 4 anos. O pequeno Otávio, de 9 meses, completa a família.

Aos 2 anos, Nicolau ainda balbuciava poucas palavras para uma idade em que as crianças, normalmente, já estão construindo frases. Embora entenda o que está sendo dito, não é capaz de responder. Ele frequenta a escola, tem amiguinhos, mas sua interação social é baixa. Os pais, então, não tardaram em procurar ajuda e seguiram o périplo neurologista-psicólogo-fonoaudiólogo. Nenhum especialista arriscava fechar qualquer diagnóstico.

Seria a ansiedade uma consequência natural por estarem às cegas? "Antes estivéssemos às cegas! Temos é informação demais! Estamos há mais de um ano pesquisando todas as possibilidades, está na hora de ficarmos só com uma", desabafa Eliane, enquanto troca a fralda de Otávio.

"Os pais chegam ao consultório com mil hipóteses na cabeça, às vezes com a certeza de pretensos diagnósticos feitos por eles mesmos, sem qualquer conexão com a realidade. Nosso trabalho também é acalmá-los, demovê-los de caminhos errados e nos atermos aos fatos e à ciência", diz a doutora Gabriela.

As consultas vão começar. O número da senha de Nicolau é chamado. Valeu a pena chegar cedo. A família entra no consultório com muitas perguntas e em busca da principal resposta: o que Nicolau tem?

Cerca de uma hora e meia depois, os quatro reaparecem. O clima é de alívio. Ainda é cedo para qualquer diagnóstico definitivo, mas várias possibilidades que atormentavam os pais foram afastadas. "Tudo indica que Nicolau tenha um atraso linguístico-cognitivo, mas que possa ser revertido ou, pelo menos, bastante amenizado", conta Leonardo com um sorriso largo, daqueles que só se veem no rosto dos que tiram a sorte grande.

Eliane, Leonardo, Nicolau e Otávio são uma jovem família, na corrida pela conquista dos seus sonhos: conseguiram financiar um apartamento em Botafogo, na Zona Sul do Rio, e se organizaram financeiramente para pagar uma creche particular para Nicolau. "A gente não quer muito, não. Só que eles cresçam, tenham filhos, trabalhem...", diz o pai. "E que sejam felizes, independentemente de tudo", completa a mãe.

Mês que vem os quatro estarão de volta à Santa Casa para dar continuidade às investigações sobre Nicolau, na busca por um diagnóstico conclusivo.

19.
Penha-Curicica

"Penha - Pastor José Santos - Guaporé - Praça do Carmo - Pedro Taques - Vila Kosmos - Vicente de Carvalho - Marambaia - Vaz Lobo - Vila Queiroz - Otaviano - Mercadão - Madureira - Campinho - Pinto Teles - Capitão Menezes - Praça Seca - Ipase - Tanque - Aracy Cabral - Taquara - André Rocha - Merck - Santa Efigênia - Divina Providência - Recanto das Palmeiras - Vila Sapê - Arroio Pavuna - Praça do Bandolim - Curicica".

É de um fôlego só que Bento lista as estações de sua linha predileta do BRT. Ele nem precisa respirar muito para, logo em seguida, elencar o caminho de volta: "Curicica - Praça do Bandolim - ..."

O jovem, de 16 anos, descobriu o sistema de transporte coletivo do Rio em passeios com o pai. O casal se separou quando Bento ainda era criança. Há alguns anos, o ex-marido começou a espaçar as visitas ao filho, portador de uma forma grave de autismo. Ângela, então, foi direta: "A gente é separado, mas o filho continua sendo teu".

Com pouco dinheiro, nenhuma intimidade com o filho e sem saber que programa fazer com um rapaz com tantas restrições, o pai teve uma ideia inusitada: os dois entraram no ônibus do BRT e ficaram dando voltas pela cidade. Cada encontro, uma linha diferente. Da Barra a Santa Cruz, de Sulacap ao Riocentro, da Penha a Curicica. Nos corredores expressos do sistema de ônibus, se forjou a relação de afeto entre pai e filho.

Ângela é das mães mais antigas a bater ponto na Santa Casa: há 11 anos, a cada dois meses, as visitas ao Ambulatório da Psiquiatria Infantil fazem parte da sua vida. Em dia de consulta, ela acorda às três e meia da madrugada para arrumar Bento e a si mesma, e enfrentar a viagem da Penha ao Centro.

O menino aprendeu a escrever sozinho, em casa, vendo o irmão trabalhar, mas só conseguiu falar aos 10 anos. O transtorno mental ficou mais crítico na adolescência. Foi nessa fase que ele começou a se bater, a falar sozinho e a não se interessar por outras pessoas. "Como é comum em autistas, Bento tem facilidade para atividades complexas e dificuldade para coisas simples", explica Fabio Barbirato.

A mãe tentou que Bento gostasse de cinema. Chegou a levá-lo algumas vezes na "Sessão Azul", projeções especiais para o público autista, com a sala mais clara e menos barulhenta. Nada feito. "E olha que eu ainda levava uma lanterna, pra clarear um pouco mais...", relembra a mãe.

O filho é apaixonado por computador e Ângela sonha que ele possa estudar informática, embora saiba de todos os desafios pela frente. "A tal da inclusão que tanto falam não acontece de verdade. Nem na escola, nem na sociedade. Se ele enfrentou preconceito do próprio pai, imagine o que não vai passar por aí...", lamenta.

A maior angústia de Ângela é o futuro. "Um colega autista na classe especial do colégio perdeu a mãe e hoje é criado pelo irmão. Desde que isso aconteceu, eu não tenho sossego", assume ela.

Ângela é interrompida por Bento nada menos que 14 vezes: o rapaz estava ansioso para ir para casa. Mãe e filho ainda precisariam enfrentar a longa jornada de volta. De ônibus comum. "BRT ele só anda com o pai", explica.

Rumo ao ponto da condução, ela dá a mão ao filho como se guiasse uma criança pequena, apesar dos 20 centímetros a mais de Bento.

20.
Menino Maluquinho

Qual o maior pesadelo na vida de uma faxineira? Acertou quem chutou casa desarrumada. "Eu passo o dia arrumando a casa dos outros e, quando chego na minha, tá aquela confusão", reclama Graça. O responsável pelo "terror" na vida da mãe é Enzo, de 10 anos. À primeira vista, a impressão é que Graça esteja mentindo: é difícil acreditar que um menino tão simpático e falastrão apronte tanto. Apesar da pouca idade, Enzo poderia ser definido como um "Menino Maluquinho da vida real", em alusão ao bagunceiro personagem do cartunista Ziraldo. "Não existe criança mais curiosa! Até na minha caixa de maquiagem ele foi mexer. Batom novinho, na embalagem ainda: foi tudo embora", relembra.

Diagnosticado como hiperativo, Enzo aparenta uma maturidade maior do que de fato tem. O menino conversa como um adulto: pergunta, responde, é curioso, faz comentários divertidos e sagazes. Enzo é uma máquina. "Todo adulto gosta dele. Ele é bom de papo", reconhece Graça. "Mas no final do dia quem fica exausta em casa com tanta falação sou eu".

"Dentro do Transtorno de Déficit de Atenção e Hiperatividade (TDAH) existem três subgrupos de comportamento. O primeiro é o dos desatentos, que dão sinal de seus sintomas por volta dos 10 anos. Esse grupo se distrai facilmente e procrastina tarefas. O segundo grupo é formado pelos hiperativos, que desde cedo, por volta dos 3 anos, são agitados, inquietos e impacientes. O terceiro é justamente uma combinação dos dois primeiros", define Fabio Barbirato.

A única coisa que segura a agitação de Enzo é montar Lego. Mas, mesmo assim, não por muito tempo... Apesar do orçamento apertado, a mãe está considerando matriculá-lo em aulas de karatê, como uma última cartada. "Será que assim ele não gasta um pouco de energia?", especula, esperançosa. Graça ainda está sob impacto do susto da semana anterior, quando Enzo começou a correr de bicicleta na rua, com Lady apoiada no guidom. Lady vem a ser a poodle da família.

Dia desses, a caminho da Santa Casa, o menino ouviu uma conversa – dos outros, claro – de que na Central do Brasil havia um PM que não era afeito a papo. Ninguém nunca havia conseguido lhe arrancar um gesto de simpatia. Mexeram com quem não devia: chegando na estação, o menino não sossegou enquanto a mãe não o levou ao tal policial militar emburrado. "Não deu cinco minutos e o PM já estava rindo. O Enzo ganhou até aplausos dos outros policiais", lembra a mãe, entre envergonhada e orgulhosa.

Mas nem tudo é alegria. Apesar da idade – e da esperteza –, Enzo ainda não aprendeu a ler e a escrever. À noite tem dificuldades para dormir e, em caso de extremo cansaço, bate em si mesmo tentando pegar no sono. Enzo está há cinco anos sob supervisão da equipe do Ambulatório de Psiquiatria Infantil, com terapia e medicamentos.

"Vambora, Enzo!", apela a mãe, arrastando o menino pela mão. O garoto já estava inventando brincadeiras numa rodinha, liderada por ele, com mais duas crianças. Antes de ir, Enzo pede beijos, abraços, diz que gostou de conhecer todo mundo. "A gente se vê mês que vem, pessoal!", avisa, como quem renova o convite para um próximo encontro.

21.
É dado ou babo?

Clara, 7 anos, era uma criança como qualquer outra até entrar na escola. Os professores não conseguiam entender sua dificuldade de aprendizado. A experiência era nova para os pais, Renato e Adriana, casados há 25 anos: o filho mais velho, de 11, é excelente aluno.

Na alfabetização, Clara escrevia letras ao contrário. É como se ela enxergasse espelhado: onde estava o "d", a menina lia "b". Pela sua lógica particular, a palavra "dado" virava "babo". Todos os coleguinhas de turma animados em aprender as primeiras palavras e Clara ali, ficando para trás. A aluna carinhosa e interessada foi cedendo espaço a uma outra Clara, tímida e retraída. Quanto menos aprendia, menos queria saber dos amigos, tamanha a vergonha. "A sala toda fazendo ditado, menos ela. Foi uma angústia tremenda. Filho é o coração fora do peito", resume Renato, de olhos marejados.

Intrigados, os pais começaram a investigar o que poderia estar acontecendo com a filha. Levaram Clara à fonoaudióloga e à psicóloga: nenhuma resposta. A mãe chegou a pensar que pudesse ser algum tipo de consequência do parto prematuro, aos oito meses de gravidez, que deixou a filha na UTI neonatal por 60 dias. Mas a hipótese foi descartada pelos médicos. Depois de muitos exames, chegaram ao diagnóstico de dislexia.

Clara tem lapsos de memória recente, especialmente em relação ao aprendizado: escreve pouco e ainda não consegue ler. Quando tem muita dificuldade na tarefa, fica desanimada e nervosa. É preciso que o método de ensino seja lúdico e atraente para manter sua atenção. Fazer com que Clara aprenda é mais que uma prosaica tarefa: é uma missão.

"Disléxicos têm dificuldade com repetições. Não há medicamento para o tratamento de dislexia", afirma Fabio Barbirato, que supervisiona o tratamento de Clara, ele mesmo um disléxico que também teve dificuldades de aprendizado.

Fabio conseguiu driblar as adversidades da doença e levar uma vida normal. Tão normal a ponto de, quatro décadas depois de ser alfabetizado, poder oferecer a mesma oportunidade a Clara.

22.
Casa vazia

Foram muitas transformações na vida de Vanessa em pouco tempo. Ela testemunhou a separação dos pais, trocou de escola e viu avó, duas tias e dois tios se mudarem para Portugal em busca de melhores oportunidades. "Da noite pro dia, nossa casa ficou vazia", resume a mãe. A cabeça da menina de 13 anos não acompanhou tanta novidade e ela entrou em crises de depressão e ansiedade. "Mudanças muito drásticas de rotina podem ser detonadoras de alterações de humor e comportamento. É preciso estar bastante atento nesses casos", ressalta Gabriela Dias.

Aos poucos, Vanessa foi dando pistas de que algo estava errado. Em 2017, começou a ter desmaios inexplicáveis, ausências que duravam de dois a 25 minutos. Exames no cérebro e no coração apontaram absoluta normalidade. "É como se o corpo dela desligasse, evitando encarar alguma situação mais complicada", avalia Moema, sua mãe.

Aluna comprometida até então, Vanessa passou a mostrar completo desinteresse pela escola e a andar com quem a mãe define como "péssimas companhias". "Ela sempre foi 'a fofa'. Mas tem uma hora em que o adolescente enterra as ideias infantis e se rebela. Sabe aquelas pessoas erradas da turma? Deram cachaça para ela experimentar, ficaram provocando a Vanessa, duvidando que ela tivesse coragem de pular do segundo andar... Vê se isso é companhia para alguém?", questiona Moema.

A mãe tentava convencê-la de que aquele grupo de amigos não a levaria longe. "Eu dava argumentos, mas ela tinha que chegar a essa conclusão sozinha. Nada funciona pior com um adolescente do que imposição. Se eu a proibisse de vê-los, aí mesmo é que ela ia querer", explica.

A estratégia da mãe funcionou e, aos poucos, Vanessa concluiu que aquelas amizades não tinham muito a ver com ela. Mas foi a deixa para a menina virar alvo fácil de bullying. "Não é porque é minha filha não, mas a Vanessa é uma menina bonita... Isso incomoda os outros, né?", diz a respeito da menina, de fato uma jovem de lindos olhos azuis e cabelos loiros.

Não demorou muito para Vanessa dar início à automutilação, com cortes nos pulsos e nas pernas. Foi nessa época que ela simulou desmaios, usando os apagões para chamar a atenção. A mãe redobrou a atenção. "Reparei que a minha filha estava começando a usar os desmaios para me manipular", observa.

Moema sabe que a filha não é um caso isolado. Há quatro anos ela é coordenadora pedagógica em uma escola pública com nada menos que 700 adolescentes, em Piedade, bairro no subúrbio do Rio.

A experiência no trabalho foi decisiva para ajudá-la a identificar os problemas em casa. "Ajudar, ajudou. Mas não me livrou da agonia de mãe", admite.

Ela acha que os jovens de hoje estão emocionalmente mais frágeis e acredita que a culpa é dos próprios pais. "Há uma superproteção às crianças por absoluta carência dos pais, que terceirizam a educação para a escola, mas se incomodam quando ela educa. Há um incentivo ao 'coitadismo', todo mundo se sente vítima, refém. Só olham para os direitos, nunca para os deveres", diagnostica.

E há muitos vilões rondando os jovens nessa guerra. As redes sociais são as mais nocivas. Moema explica que os jovens brigam na vida virtual e levam as diferenças para serem acertadas em sala de aula. Já o celular, acredita ela, é o maior causador de irritabilidade e ansiedade, prejudicando a capacidade de concentração. "Eu não tenho dúvida de que um dia o celular vai ser condenado. Ele é uma praga. Só quem está em sala de aula diante de 50 adolescentes desatentos é que sabe. Os professores sentem que sua autoridade está ameaçada. A verdade é que os alunos estão com poder demais".

Moema autorizou os professores da sua escola a recolherem os celulares dos alunos que os usam em horário de aula. "Não compactuo com o jogo do 'finge que ensina que eu finjo que aprendo'", resume. Os aparelhos só são devolvidos com a presença dos pais. Nessas "visitas forçadas" dos responsáveis ao colégio, Moema já viu de tudo. Desde o pai que não se importava em a filha estar colando na prova até a mãe que alertou: "Fique sabendo que o meu irmão é bandido e ele te pega lá fora".

Mas quando Moema consegue fazer os pais entenderem que a preocupação da escola é com o bem dos seus próprios filhos, eles baixam a guarda e se sentem até envergonhados. É nessa hora que ela precisa explicar que bater não adianta e, assim, evitar que os filhos apanhem dos pais ali mesmo, dentro da sua sala. "Estamos educando os dois: pais e filhos", afirma.

Para poder acompanhar o desenvolvimento da filha mais de perto, Moema mudou Vanessa para a escola onde trabalha. "Meu desafio agora é fazê-la entender que não terá nenhum privilégio por ser minha filha. Pelo contrário", diz.

Vanessa está tomando medicamentos para ansiedade e, há seis meses, frequenta o Ambulatório da Psiquiatria Infantil da Santa Casa uma vez por semana. A jovem, que passou uns meses com postura apática diante da vida, mudou. Agora quer tudo: das aulas de natação às de desenho. "Uma coisa de cada vez", orienta a mãe, preocupada com as frustrações que podem atravessar o caminho da filha no longo processo de recuperação.

Vanessa ainda não decidiu se será aeromoça, bailarina ou professora. Ela só tem uma certeza: nas próximas férias, vai viajar com a mãe para Portugal em busca da casa cheia novamente. Mesmo que por breves dias.

23.
'Mãe, eu não sei onde eu tô'

Denise não precisa pensar nem dois segundos para cravar a data: 18 de junho de 2018. Foi nesse dia que ela achou que o coração ia sair pela boca. Denise estava ocupada no trabalho quando seu celular tocou. No visor apareceu o nome da filha: Ana Júlia. "Mãe, eu não sei onde eu tô, nem como eu vim parar aqui", disse a menina, de 15 anos. Desorientada, Ana Júlia caminhou os quatro quilômetros que separam o colégio onde estuda, em São Cristóvão, da Central do Brasil.

Para a mãe, os transtornos de Ana Júlia começaram em 2017. "Ela colou em duas pestes da turma e ficou em recuperação em cinco matérias", relembra a mãe. Foi o suficiente para Denise a transferir de escola, da Tijuca para São Cristóvão. "Cada criança pede um perfil de colégio, já que aquele é o primeiro ciclo social dos filhos, depois da família. Quais são os valores da escola? A qual filosofia educacional ela está alinhada? Tudo isso é fundamental. A escolha do colégio é mais importante do que o nome que os pais dão aos filhos", resume Fabio Barbirato.

Na nova escola, Ana Júlia se sentiu um peixe fora d'água. Todo mundo já tinha sua turma de amigos, menos ela. Foram semanas passando o recreio sozinha, recebendo pelo WhatsApp as fotos das antigas amigas. "Quando a criança perde o prazer de estudar e não quer conviver com o grupo do colégio fora do ambiente escolar, é preciso redobrar a atenção e verificar se não é hora de mudá-la de escola", completa Fabio.

Nesse meio tempo, a avó de Ana Júlia faleceu. Ela se viu sem as suas principais referências do dia a dia. Foi nessa época que começou a mentir. Era uma mentira atrás da outra, a ponto de a própria menina se perder entre o que era verdade e o que era fantasia da sua cabeça. No seu labirinto particular, disse que havia sido estuprada pelo padrasto, com quem a mãe está casada há 12 anos. "Hoje eu consigo rir, mas não foi fácil", confessa. E se ela estiver dizendo a verdade? "Eu sei que é mentira porque o padrasto a tem como filha", diz, reforçando o argumento para si mesma.

O pai de Ana Júlia mora em Belém e tem pouco contato com a filha. Nos dois últimos aniversários ele esqueceu de ligar para dar os parabéns. Nas férias, a ideia era que Ana Júlia ficasse um mês com o pai. O convívio não resistiu a uma semana. "É que os dois têm o gênio igualzinho", justifica a mãe. Denise credita à família do ex-marido a origem do transtorno da filha. "Minha ex-sogra era esquizofrênica. Esse assunto sempre foi proibido na família, mas ela era, com certeza", sussurra.

Ana Júlia está há oito meses frequentando o Ambulatório de Psiquiatria Infantil da Santa Casa. Ela faz terapia e toma medicamento para depressão. A mãe está otimista: a dose do remédio, que começou em 10 miligramas, já caiu para 2,5 ao longo dos meses. "Deve ser um bom sinal, né?", diz, para em seguida revelar que a filha, de vez em quando, ainda afirma "estar pra baixo".

Nessas horas, Denise lança mão de outro remédio infalível: libera Ana Júlia para assistir a alguns vídeos de Felipe Neto no YouTube e ela volta a sorrir, sem doses controladas.

24.
Uma babá quase perfeita

"Ela não tem freio nas palavras". Essa é a definição de Maria Antônia, 13 anos, feita por Eduarda, sua babá. Apesar de tomar conta da menina há apenas dois anos, elas se conhecem há muito mais tempo: Eduarda é tia de Maria Antônia. "Eu tava desempregada, a mãe me ofereceu de botar o olho na menina... e pronto", resume Eduarda, com forte sotaque pernambucano.

Dizer que Maria Antônia não tem "freio nas palavras" é pouco. Maria Antônia não tem freio e ponto. Sua agitação faz com que frequente a Santa Casa desde 2016, quando foi diagnosticada com hiperatividade. "Experimenta não fazer do jeito dela pra você ver...", denuncia a tia-babá, em tom ameaçador. "Mas a mim ela não me enrola, não...", lembra a tia Eduarda, que conhece os truques e as manhas de Maria Antônia muito antes que a babá Eduarda.

Além da adolescente, ela também supervisiona as atividades do sobrinho, de 14 anos. "Mas esse é um amor, não me dá trabalho nenhum. Sabe o tipo 'tem boca mas não fala'? Uma bênção! Em compensação, essa aqui fala por todo mundo de casa", diz, apontando para Maria Antônia.

Eduarda afasta qualquer chance de reaproximação com o ex-marido, desde que começou a trabalhar para a irmã dele. "Me disseram até que ele já casou de novo... Eu não pergunto e também não me contam", desdenha, deixando claro que essa é uma fofoca da qual quer distância, seja como ex-mulher, seja como babá.

E em um país de relações sociais tão estratificadas, como é olhar para a ex-cunhada e enxergar uma patroa? "Sobrou só a patroa", simplifica. É Eduarda quem leva a menina à Santa Casa, desde que começou a trabalhar na família. A mãe nunca mais apareceu nas consultas. "Às vezes ela me pergunta como foi. Às vezes...", ressalta.

"O Brasil tem relações sociais muito próprias. Os papéis se confundem com frequência no nosso país. A nós, que lidamos diretamente com essas composições familiares tão diversas, cabe estar atento e entender as diferentes dinâmicas, para podermos auxiliar da melhor forma possível", explica Fabio Barbirato.

Eduarda, por exemplo, tem ordens expressas da patroa para voltar com Maria Antônia para casa assim que a consulta acabe. Mas, às vezes, os papéis se embaralham: a tia fala mais alto que a babá, e a sobrinha ganha um passeio e um picolé, contrariando a ex-cunhada. "Se ela me chamou, tem que confiar em mim. Eu tenho dupla responsabilidade com a menina", defende-se.

E será que Maria Antônia acha a tia uma boa babá? "Ela é perfeita", sorri e se corrige em seguida: "Quaaaaase perfeita".

25.
Iguais, mas diferentes

A informação de que Márcia estava grávida de dois bebês a pegou de surpresa. Não havia caso de gêmeos na família dela, nem na do marido. A natural expectativa os rondou ao longo de todos os meses da gestação. Os sonhos eram em dobro. Como virão os filhos? Serão parecidos com o pai ou a mãe? Serão perfeitos?

Mas de todas as (muitas) possibilidades aventadas, os pais não contavam com a hipótese de ter dois filhos com déficit cognitivo. Manoel e Guilherme estão com 13 anos, mas o desenvolvimento dos meninos não acompanha a idade biológica.

Quando eram bebês, Márcia achava os filhos muito agitados. "Eu pensava que, como eram dois, isso era normal: um atiçava o outro", explica. Não foi uma infância fácil. Além dos pequenos problemas de saúde, que toda criança tem, os meninos eram acometidos de recorrentes convulsões quando o termômetro passava dos 39 graus. Na fase pré-escolar, a dupla apresentava alguns atrasos para a idade, mas os pais julgavam estarem dentro da normalidade. "Cada criança tem um tempo", pensavam.

Os anos foram passando, os irmãos cresceram, até o momento em que Márcia define como "a hora em que tudo estourou": por volta dos 10 anos, o desenvolvimento das crianças estacionou. "Eles sabem ler e fazer conta. Só", enumera a curta lista de habilidades dos filhos. Com menos de dez anos de vida escolar, os irmãos já mudaram de colégio nada menos do que quatro vezes, à caça de quem possa melhor orientá-los.

Além das diferenças físicas, a mãe faz outras distinções entre seus dois meninos. "Manoel é mais companheiro. Como o caso do Guilherme é um pouco mais grave, ele acaba sendo mais distante", reconhece a mãe. Enquanto Márcia fala, Manoel está sentado em um banco, calmo, limitando-se a observá-la. Já Guilherme caminha sem parar, de um lado para o outro.

O déficit mais acentuado de Guilherme fica explícito em sua preocupação excessiva com coisas pequenas. "Outro dia faltavam 25 centavos para a passagem de ônibus e cadê que o Guilherme saía de casa? Só veio quando todas as moedas já estavam na mão", exemplifica.

A tão propalada simbiose entre gêmeos está em xeque. Apesar de dividirem o mesmo quarto, as personalidades estão começando a aparecer: enquanto Guilherme ainda é dependente da amizade de Manoel, este busca ampliar seu leque de relações. "Eles são iguais, mas diferentes. Preciso respeitar a individualidade de cada um", resume a mãe. Apesar disso, por uma questão de praticidade, os irmãos fazem tudo juntos. "Vai me xingando, mas vai. Tem que ser assim, porque eu sou uma só", se contradiz a mãe, sem se dar conta.

No ano passado, os irmãos participaram – juntos, claro – de uma inusitada colônia de férias. "Eles queriam ir para um grupo de escoteiro, mas não consegui vaga. Então, matriculei os dois na oficina prática infantil para bombeiro civil", justifica a mãe. No curso, eles aprenderam, dentre outras atividades insólitas, a apagar incêndio em bujão de gás. E é útil aprender a apagar incêndio? "Quero que eles aprendam qualquer coisa, menos que fiquem em casa em frente à televisão, escravos de desenho animado", diz.

Quando tinha 8 anos, Guilherme falava em ter família, filhos e até cachorros, embora morra de medo deles. Mas desde que o quadro se agravou, nunca mais tocou no assunto. Já Manoel começa a dizer que uma ou outra menina que surge na TV é "gatinha". "Mas nas festinhas, eles nem ligam para as garotas", ri.

Quem os acompanha a cada três meses na consulta da Santa Casa é a mãe. Casada há 19 anos, Márcia alivia a barra do marido. O pai deles, carcereiro em um presídio, pouco aparece por conta das muitas horas no emprego. "No início ele tinha mais dificuldade com os meninos. Agora, que eles estão começando a dar mais trabalho, não teve opção: foi obrigado a se envolver mais", afirma a mãe.

Quanto a sua expectativa durante a gestação, a respeito da perfeição dos filhos, Márcia não hesita: "Eles são perfeitos sim. Ao modo deles, mas perfeitos", conclui.

***

Para Rogéria, a maternidade de gêmeos é uma eterna descoberta. André e Breno acabam de completar 6 anos e a sensação da mãe é a de que ela ainda está (re)conhecendo os filhos. "Quando recebi o diagnóstico, fiquei sem chão. Meu medo era não dar conta, uma sensação de estar sempre devendo. Com eles, aprendi a ser menos ansiosa e não sofrer pelo futuro. Hoje eu vou dar conta de hoje", resume Rogéria, destacando o papel fundamental do marido, com quem está casada há 16 anos, na educação dos filhos: "Foi ele quem falou: fica calma que tudo vai dar certo".

Breno tem um quadro de autismo leve. O menino ficou quase oito meses na fila de espera por atendimento gratuito no Ambulatório de Psiquiatria Infantil da Santa Casa. "Mas eu não fiquei parada", se apressa em explicar a mãe. O garoto tem uma intensa agenda de atividades: frequenta psicólogo, psicopedagoga, faz aulas de natação e à tarde vai à escola. Rogéria comemora cada vitória, como a primeira vez em que Breno conseguiu escrever o próprio nome. "Não via luz no fim do túnel. Hoje já consigo enxergar alguma. Bem fraquinha, lá no fundo. Mas existe", afirma a mãe.

Já André ainda não tem diagnóstico fechado e está sendo monitorado pelos psiquiatras. Não há certeza se o menino tem transtorno obsessivo compulsivo, um quadro de ansiedade ou nenhum dos dois. André tem manias, obsessões exageradas, que somem, reaparecem ou mudam com o passar do tempo. Mas como elas aparecem só em casa e não na escola, os especialistas preferem esperar e acompanhar.

Há alguns meses, André só pensa em unicórnios e pôneis. "Se deixar, ele acorda e dorme desenhando. Mas desde que aprendeu a desenhar, é só pônei e unicórnio, pônei e unicórnio, pônei e unicórnio... E desenha bem à beça, viu?", gaba-se Rogéria, citando que o menino foi aprovado no "vestibulinho" para duas das melhores escolas públicas do Rio.

Assim como aconteceu com Márcia, a sensibilidade de mãe começa a apontar para Rogéria as "diferenças entre os iguais". "A amizade entre eles existe, mas André é muito implicante. Ele testa a paciência do irmão ao limite, passa o dia atazanando o Breno, até a hora em que ele se irrita", advoga a mãe.

A escolha do tema da última festa de aniversário foi mais um motivo de racha entre os irmãos. Breno defendia a "Patrulha Canina" enquanto André insistia – claro! – no "Meu Querido Pônei". A turma de cachorros-heróis levou a melhor dessa vez.

Além de Breno e André, Rogéria ainda tem uma filha adolescente, do seu primeiro casamento. "Eu sei que ela tem ciúmes dos irmãos e eu a entendo", redime a mãe.

Na busca por "hoje dar conta de hoje", Rogéria acaba resvalando em comportamentos que não gosta, mas considera inevitáveis, como comparar o desenvolvimento dos dois filhos. Ela já entendeu que cada dia é um aprendizado e que as descobertas continuam. "Não vou mentir: dá trabalho. Mas se eu pudesse escolher, teria os dois de novo. E exatamente como eles são", pontua a mãe.

26.
Porque hoje é sábado

Pequenos grupos de foliões desembarcam do metrô na estação Cinelândia por volta das nove da manhã de um sábado preguiçoso e úmido de fevereiro. O Carnaval se aproxima e os ensaios dos blocos começam a tomar conta do Centro do Rio. Mas a apenas 600 metros dali, 41 jovens estão compenetrados em sala de aula, alheios à festa lá fora.

Há 15 anos, Fabio Barbirato e a equipe da Santa Casa criaram cursos de atualização em psiquiatria infantil. Jovens dos mais diferentes lugares do Brasil, como Salvador, São Paulo, Curitiba e Porto Alegre, deixam de lado as praias do Rio para passar os sábados e domingos em jornadas intensivas de até seis horas de aula por dia, com médicos e professores convidados de universidades como USP e Unicamp. Mais preparados, os jovens médicos depois voltam às suas cidades e aumentam as possibilidades de crianças e adolescentes receberem os diagnósticos corretos.

No amplo auditório do segundo andar da Santa Casa, os estudantes tomam vários copinhos de café para espantar o sono e permanecerem atentos aos pacientes que se apresentarão: a aula de atualização acontece com estudos de casos reais.

À frente da plateia de alunos estão a fonoaudióloga Katia Badin, a neuropsicóloga Gisele Viegas, o professor da USP Francisco Assumpção e o anfitrião Fabio Barbirato, um time com alguns dos melhores profissionais em atividade no país.

O primeiro caso do dia é o de Igor, de 12 anos. Ele entra assustado no auditório, de mãos dadas com a mãe. Os dois se sentam de costas para a plateia e são entrevistados por um dos estudantes. As primeiras perguntas se dirigem a Igor, mas ele não consegue responder: à parte a timidez e o constrangimento de estar entre tantos estranhos, seu quadro é de absoluta catatonia.

Um jovem médico da plateia é destacado para entrevistar a mãe. Ela conta que teve uma gravidez absolutamente saudável e planejada: Igor nasceu com 38 semanas, mamou até os oito meses, engatinhou aos sete, andou aos dez, falou com 1 ano e quatro meses, foi para a creche aos 3 anos. Ele era uma criança um tanto tímida, difícil de interagir, evitava estranhos, vivia se agarrando nas pernas da mãe, mas nada fora do normal. O quadro se agravaria depois.

Aos 9 anos, sem autorização dos pais, Igor assistiu no Youtube a um vídeo sobre bullying nas escolas. O material tinha conteúdo impróprio para uma criança da sua idade, com cenas explícitas de violência. Igor paralisou, com o tablet na mão. Começou a dizer que não queria mais ir ao colégio. Tinha medo que os colegas batessem nele, embora não houvesse qualquer indício de que sofresse bullying. Passou a ter medo até de tomar banho sem alguém por perto. Seu quadro foi se agravando: começou a falar sozinho e a ouvir vozes. Igor frequentou por um ano uma psicóloga e, segundo a mãe, apresentou uma melhora significativa.

Mas, em 2018, o menino teve uma recaída. Seu comportamento mudou: ficou mais agressivo e irritadiço. Contrariado por uma ordem da mãe, colocou todas as roupas dela no chuveiro e abriu a torneira. Ao proibi-lo de acessar o computador, jogou no lixo as maquiagens da mãe.

No tablet – sempre ele – assistiu a uma cena real de assassinato. Foi o suficiente para não conseguir mais dormir. Igor passava a noite procurando pessoas atrás das cortinas e dizia que havia homens armados escondidos pelos cômodos. Quando chegava em casa, vindo da rua, era preciso uma longa negociação para convencê-lo a entrar. Na hora de se vestir, recusava determinadas peças de roupa: "Essa camisa está me xingando", dizia. Em brigas com o irmão, arrancava tufos dos cabelos dele. Sua apatia diante da vida fez com que Igor se desinteressasse pela escola e por si mesmo. Se a mãe não o colocava debaixo do chuveiro, ficava sem banho. Nem mesmo trocava de roupa.

Era muito para aquela mulher, sozinha. Foi quando a mãe, sem conseguir mais reconhecer o próprio filho, decidiu pedir socorro ao Ambulatório de Psiquiatria Infantil da Santa Casa.

Os dois são convidados a se retirar do auditório para que os especialistas e os estudantes possam conversar sobre o caso. O objetivo ali não é, necessariamente, fechar nenhum diagnóstico, mas reforçar a certeza de que 45 pessoas pensam melhor do que uma.

Muitas possibilidades são apontadas. As alucinações e delírios indicam um possível quadro de esquizofrenia, mas ele é extremamente raro entre crianças.

Igor ainda voltará outras vezes para ser investigado e corretamente tratado.

***

O segundo caso do dia é o de Douglas, de 6 anos.

"Desde que nasceu, sabia que ele era diferente" é a primeira frase da mãe para a plateia. Ela desanda a falar e, como se fosse colega de profissão dos médicos presentes, traça um diagnóstico: seu filho é autista. A mãe identifica atrasos no filho desde bebê, já que ele demorou a engatinhar, a andar e a falar.

Enquanto a mãe dá seu parecer, o pequeno Douglas corre pela sala, empurrando a cadeira de rodinhas em que deveria estar sentado. Alheia ao menino, a mãe segue narrando sua versão dos fatos. O pai, sentado ao lado, não se mexe. Ela enfileira uma sucessão de informações de pouca relevância médica, suspeitas infundadas e dados contraditórios. A mãe conclui seu relato dizendo que o filho foi reprovado na educação infantil não por sua resposta acadêmica, mas por comportamento. "Não posso ter um filho que vai mandar em mim", encerra seu discurso.

O procedimento de retirar da sala pacientes e familiares se repete, para que os médicos possam deliberar sobre o caso.

Dessa vez, há um consenso: o menino não é autista. Ele faz contato visual e interage, além de outras respostas que denotam articulação social. Seu atraso na escrita e na fala pode indicar o que os médicos caracterizam de "distúrbio instrumental". Ou seja: seu diagnóstico não é de ordem psiquiátrica, mas, eventualmente, neurológica.

"Desde quando um autista entra num ambiente totalmente desconhecido e fica correndo e tocando o terror, sem os pais tomarem uma atitude? A mãe está com medo de ser mandada, mas a criança já manda nela! Ele não é autista, ele é mal-educado", crava um dos médicos.

Ao menino, será indicado manter o trabalho com fonoaudióloga, pedagoga e psicomotricista. Os pais, que chegaram ali em busca de um encaminhamento para o filho, também sairão com uma prescrição: a eles é sugerido uma orientação parental, para ajudá-los na educação de Douglas.

***

O terceiro caso é o de Nathan, de 9 anos, que chega acompanhado de sua mãe, Edna.

O garoto é o que se pode chamar de um menino "marrento". Diante da plateia, senta de perna aberta, brinca de rodar a cadeira e de empilhar o copo plástico no queixo. Deliberadamente, decide mexer na base de um dos microfones da mesa principal. Contrariado, obedece às ordens dos médicos para que não rode a cadeira, tire o copo da boca e não mexa no microfone.

A mãe o define como "carinhoso, mas excessivo em tudo que faz". Em outras palavras, Nathan é uma criança sem limites: brinca de queimar papel no banheiro de casa, rasga toalhas e jogos de lençol, mente e inventa histórias. Aguardando a mãe em consulta no SUS, disse aos médicos que estava ali sozinho e abandonado. Proibido de usar o tablet, inutilizou o cabo do único carregador de bateria de celular da casa. "Com a irmã caçula ele não judia porque a gente não deixa. Ele só respeita os coelhos", conta a mãe, referindo-se aos dois animais de estimação da casa. Julgando "controlá-lo melhor", os pais o colocaram para dormir no quarto com eles.

Na escola, Nathan se distrai com facilidade e perde o foco. "Tudo que aprende, esquece cinco minutos depois", conta a mãe. Apesar da idade, ainda não consegue ler e acaba de ser reprovado. Nas aulas particulares ele vai bem, mas para fazer dever de casa com a mãe... "A professora acha que ele repetiu de ano para me enfrentar", afirma.

A mãe argumenta que Nathan não aparenta ter qualquer remorso de suas muitas inconsequências. Ele tem acompanhamento psicológico e não faz uso de nenhum medicamento.

Chega a vez, então, de Nathan responder às perguntas dos médicos. Diz que quer ser esportista quando crescer e não pretende se casar ou ter filhos, por uma razão bastante óbvia. "É difícil cuidar de filho, né? Isso eu já percebi", diz, para emendar numa risada maliciosa.

Novamente, mãe e filho são retirados de sala para que os médicos possam discutir o caso. Não há dúvidas: o menino tem uma postura provocativa e desafiadora. Ele presta atenção, mas é desconfiado. Tem atitude e pragmatismo na intuição de provocar. Causar pequenos incêndios ou rasgar peças de roupa são gestos de enfrentamento conscientes: Nathan sabe que o que faz é errado. Chega-se ao consenso de que o menino tem nítida falta de freio inibitório e sérios transtornos de conduta. Os médicos pedirão que Nathan volte à Santa Casa para novas avaliações não apenas de aprendizagem, mas também comportamentais, inclusive quanto a sua capacidade de exercer empatia pelos outros.

E assim, chega ao fim mais um sábado de aula na Santa Casa, ainda a tempo de acompanhar um pouco os blocos de Carnaval lá fora.

27.
Casa da dinda

Aos 62 anos, o maior problema na vida de Marcela era escolher se passaria uma semana nas praias de Maceió ou de Salvador. Solteira e com casa própria, funcionária pública federal aposentada com uma renda mensal de 6 mil reais, Marcela tinha a estabilidade que garante a tão almejada tranquilidade na velhice. Mas tudo mudou com a velocidade e a surpresa que só a vida é capaz de apresentar.

No curto espaço de seis meses, as duas irmãs de Marcela se viram em apuros: uma teve problemas de saúde, a outra perdeu o marido e ficou sem condições de se sustentar. Em poucas semanas, as duas irmãs estavam morando na casa de Marcela. A reboque, veio Thaís, a sobrinha, trazendo o filho mais velho, Ruan, de 9 anos, e Martin, há sete meses em seu ventre. Thaís será mãe solteira pela segunda vez. Formada em fisioterapia respiratória, está fora do mercado desde que ficou traumatizada com a morte de um paciente durante o seu plantão noturno. Hoje, ela ajuda na renda familiar fazendo bolos caseiros. Mas só quando está disposta. "A verdade é que nos últimos meses, com a gravidez, ela tem estado bem pouco disposta a trabalhar", diz a tia, com um leve tom irônico.

A generosa aposentadoria de Marcela, que até então servia exclusivamente para bancar os pequenos caprichos de quem trabalhou duro por 35 anos, agora sustenta outros três adultos, uma criança e um bebê a caminho. Marcela, que sempre valorizou sua independência, ganhou "quatro filhos", da noite para o dia.

Apesar de rotular a sobrinha como mãe solteira, Thaís engravidou, pela segunda vez, do mesmo homem. Maurício e Thaís estão juntos, a seu modo particular, há 14 anos. Ele aparece uma ou duas vezes por semana para jantar, troca duas palavras com o filho Ruan e... some. "É uma pessoa sem ambição. Se sente injustiçado pelo mundo, mas não corre atrás. E eu que sustente a família dele... Assim é fácil ser mãe solteira, né? Quem 'casou' com a Thaís fui eu", desabafa Marcela.

Mas o que dói na tia-avó-madrinha é a indiferença de Maurício com Ruan. Maurício é negro e Ruan, loiro dos olhos verdes, como a família da mãe. Maurício não se reconheceu em Ruan e o rejeitou desde bebê. Seu racismo foi maior que o amor pelo próprio filho. Foram anos em que Thaís e Marcela tiveram que lidar com a frustração de Ruan, que sonhava ser negro para conquistar, finalmente, o que toda criança tem direito: o carinho e o convívio com o pai.

Mas todo infortúnio traz também seu alento. Ruan é o xodó da madrinha e tia-avó Marcela. Desde que a família desembarcou na sua casa, com mala e cuia, Ruan virou um pouco seu filho também. Ele é o rei na casa da "dinda". É Marcela quem prepara as refeições do afilhado, o leva à escola e às consultas na Santa Casa: há três anos, Ruan foi diagnosticado com o quadro de espectro autismo.

Preocupada com o futuro da família, entendendo que tanta gente depende da sua renda, Marcela propôs à sobrinha pedir a guarda do afilhado. Seria uma forma de garantir algum dinheiro para o menino por meio da pensão, quando Marcela vier a faltar. Em uma mistura de sentimentos de desconfiança e desconforto, Thaís recusou a oferta da tia. "Ela não parou para pensar que um dia eu não vou mais estar aqui e quem vai pagar o pato são os dois filhos dela", lamenta a tia.

A expectativa na casa agora é para a chegada de Martin, em breve. Mais do que a cor dos olhos ou o peso ao nascer, estão todos ansiosos em saber se há alguma chance de o bebê trazer consigo o autismo do irmão. A angústia não é infundada. "Quando o primeiro filho tem autismo, as chances de um segundo filho também ter a doença é maior que 50%", explica Fabio Barbirato.

Ruan, por sua vez, tem outras preocupações. "Ele anda preocupado em ser um bom irmão mais velho...", diverte-se a madrinha. Ruan também confessa uma expectativa: que o irmão seja negro e tenha a sorte de ganhar do pai o afeto que ele mesmo desconhece. "Quem sabe assim meu pai não aparece lá em casa mais vezes?", anseia o menino.

28.
Pitoco

Yago era uma criança como as outras. Ou quase como as outras. Contrariando a manha ou a birra tão comuns no primeiro dia de aula, Yago, então com 3 anos, não sofreu nem por um minuto: deu um beijo na mãe e correu rumo à sala de aula, ávido por todas as novidades e amiguinhos que o esperavam. A mãe, que se preparou semanas para a adaptação do filho à nova realidade, precisou rever os planos. "Quem ficou chorando na porta da escola fui eu, ele nem olhou para trás", relembra, aos risos.

Poucas semanas depois, tudo corria bem até que Yago pediu para ir ao banheiro na escola. Vítima de prisões de ventre que o acompanham desde bebê, o menino demorou um pouco mais do que seria esperado. A professora, irritada, foi à cabine onde ele estava e o obrigou a retornar à sala de aula. Acuado, o menino disse que não poderia naquele momento. A professora, então, o trancou no banheiro. Mais de meia hora depois, quando foi solto, disseram a Yago que quem o havia prendido lá dentro foi sua própria mãe, que sequer estava na escola. Foi o suficiente para desatar uma crise generalizada de ansiedade no menino, pela qual ele ainda paga um alto preço, mesmo nove anos depois.

A escola, um lugar onde, a princípio, toda criança tem prazer em voltar, virou um fardo na vida de Yago: ele bloqueou o ambiente de tal forma que estar em sala de aula se tornou insuportável. Na nova escola, precisou de semanas para ganhar confiança, frequentando apenas a cantina e a biblioteca, tamanho era seu pânico. Ainda hoje, fica extremamente fragilizado em momentos de pressão: não consegue fazer as provas em sala de aula sem a presença do pai. Em casa, nas crises agudas de ansiedade, Yago arranca os próprios cabelos. Há meses, quebrou o fogão a pontapés. Seu físico também paga um alto preço: chegou a pesar apenas 17 quilos aos 9 anos.

Recentemente, a dois dias do aniversário de 12 anos do filho, um vergalhão perfurou a batata da perna do pai em uma das obras civis em que trabalha e quebrou a sua canela, exigindo que ele ficasse se recuperando em casa, por dois meses. Foi o suficiente para despertar uma nova crise de ansiedade em Yago.

A mãe cogitou processar a antiga escola, mas foi desencorajada por advogados. Levar o caso aos tribunais obrigaria Yago a reviver o trauma constantemente, além da falta de provas materiais: seria um processo baseado apenas na palavra do menino. "E sabe lá quanto tempo levaria para o caso ser concluído. A verdade é que a gente acaba desistindo da Justiça e se ocupando só com os danos causados ao nosso filho", arremata a mãe.

A família pouco deixa o sossego da Serra Fluminense, onde mora, para vir ao Rio. A exceção são as consultas de Yago na Santa Casa, a cada dois meses. "Ele não é de cidade, gosta é da calma do verde", justifica a mãe. No sítio onde vive com os pais, Yago cresce cercado por um passarinho, um hamster, sete codornas e Pitoco, um cachorro em quem o menino, finalmente, tem confiança irrestrita.

29.
Amor represado

"Solidão a dois". Noêmia recorre à música do poeta Cazuza para definir os 12 anos de casamento com o ex-marido. "Eu era casada com ele, mas ele não era casado comigo. Como é que uma pessoa que não tem dinheiro pra nada aparece em casa com uma TV nova de 43 polegadas?". A falta de companheirismo ao longo dos anos foi a gota d'água para encerrar o casamento com "aquele outro", como ela se refere ao ex-marido. "Cansei de amar sozinha. Eu me sentia como uma pessoa que precisa trocar uma lâmpada, mas não a alcança. Eu colocava uma escada cada vez maior, mas nunca alcançava", resume.

Com o divórcio, Noêmia voltou a morar com a mãe e a irmã, em Ipanema. A tiracolo, foram os filhos Maurício e Ana, de 11 e 4 anos, respectivamente, frutos da união com o ex-marido, um taxista que os visita a cada 15 dias. "Aparece, leva pra tomar um lanche e me devolve. A responsabilidade sobre eles é 95% minha", completa a mãe, que trabalha como designer.

Com a distância da separação, hoje Noêmia consegue identificar detalhes no comportamento do ex-marido que não quer ver reproduzidos nos filhos. O machismo, principalmente. "O Maurício é grudento, pegajoso, é o jeito dele. E o pai o tempo todo querendo manter um distanciamento de 'macho', dizendo que homem não chora, evitando que o próprio filho se sente no seu colo", reclama. Noêmia lamenta pelas crianças: "Quanto menos ele dá, mais as crianças querem".

Maurício frequenta a Santa Casa desde os 5 anos. Faz sessões semanais de terapia. A hiperatividade o levava à extrema agitação e impulsividade em todos os ambientes: em casa, no restaurante, na escola. "Se deixar, ele dispara 450 mil perguntas em meio minuto. Parece que o Maurício fica maior que o próprio corpo, a energia não cabe na matéria. Tenho que estar sempre na crista da onda para acompanhar", tenta explicar a mãe. Durante a conversa, Noêmia lista uma sequência de "nãos" para diferentes pedidos do filho. "Comigo não tem frescura, não tem mimimi. Eu tenho que prepará-lo pra vida", argumenta.

Maurício foi uma criança muito desejada. Antes do seu nascimento, Noêmia perdera uma menina, de apenas 1 ano, para uma bactéria no coração. A filha morreu no Dia das Crianças. "Hoje posso dizer que eu fiquei maluca. Birutinha mesmo. Eu colocava o travesseiro para nanar, como se fosse o meu bebê", relembra. Depois de três anos da morte da filha, Noêmia conheceu o pai de Maurício e logo quis engravidar: "Não só eu, mas toda a minha família tinha um amor represado para dar. Depois da perda, canalizamos tudo para ele".

"O caso da Noêmia não é isolado. Mulheres que perdem um bebê acabam carregando uma enorme expectativa – e tensão – para a gestação seguinte. É quase inevitável", pondera Fabio Barbirato.

À medida que Maurício crescia, Noêmia foi tendo consciência da hiperatividade do filho. "Quando ele entrou na escola, a gente descobriu que o que para nós parecia normal, na verdade, destoava das outras crianças", afirma. Noêmia está convencida de que o comportamento do primogênito a guiará na educação da caçula. "Maurício me deu parâmetros para entender a Ana", afirma. "Agora eu tenho uma bússola".

30.
Coisa de menino

Personagens masculinos ou cor azul, nem pensar. Carro, trator, moto: fora de questão. É tudo "coisa de menino", na visão de Maria Luísa, 5 anos. "Ela evita tocar no que considera ser coisa de menino. Nem desenho animado 'de menino' ela assiste", conta a mãe, Susana. A implicância com as cores era ainda mais ampla. "Ela não pegava em nada amarelo. Fosse lápis, fosse banana: amarelo, de jeito nenhum".

Contato com água é outro problema. "Se eu tocar nela com a mão molhada de lavar louça, eu perco a tarde de tanto aborrecimento", explica. Água no rosto, só depois de muita negociação. Para lavar os cabelos da filha é preciso recorrer a uma estratégia doméstica. "Eu tenho que colocar uma toalha por baixo dos cabelos dela, pra água não bater na orelha e no rosto", exemplifica a mãe, que comemora as pequenas conquistas, como um prosaico banho: "Água no corpo, tudo bem".

Na hora das refeições, Susana se vê obrigada a travar verdadeiras batalhas: Maria Luísa tem nojo da maioria dos alimentos. "Tenho que esconder tudo na sopa batida", compartilha o segredo.

Maria Luísa tem autismo leve. Em casa, andava em círculos e repetia o que os adultos diziam. Na rua, tinha alta fobia social: em lugares com muito barulho e de grande aglomeração, como em shoppings ou transporte público, ela fechava os olhos e só os abria quando era "resgatada" dali.

Depois de um mês de aulas, os pais tiveram que cancelar a matrícula: Maria Luísa se escondia em casa para não ir à escola. "Barulho! Barulho!", ela dizia, tapando os ouvidos. "Se pudesse, voltava para a minha barriga", resume a mãe.

Há um ano, ela frequenta psicóloga e fonoaudióloga semanalmente e vai a consultas esporádicas na Santa Casa. "Na segunda consulta, Susana me mostrou, com os olhos cheios de lágrimas, um vídeo de Maria Luísa numa festa, dançando e se divertindo com outra menina da mesma idade. A mãe não acreditava que isso aconteceria algum dia. Ela riu quando eu brinquei pedindo para não chorar porque já tinha chorado muito na primeira consulta. 'Dessa vez é diferente, doutora. Dessa vez é de alegria', ela falou", relembra Gabriela Dias.

Para a psiquiatra, esse é um caso exemplar de que, mais que qualquer tratamento, o importante é o acolhimento a essas famílias. "Sem dúvida, o que fez a diferença no começo do tratamento da Maria Luísa foi a mãe ter me escutado, ter acreditado que o comportamento da filha, que tanto a apavorava, iria mudar aos poucos e que ela não precisava ter medo", ressalta Gabriela.

Afastada do trabalho como operadora de caixa, Susana voltou ao emprego, mas não por muito tempo. "A Malu regrediu na minha ausência, voltou a andar em círculos, a reclamar do barulho... Então eu larguei tudo", justifica. Apesar do sacrifício – a família vive com o dinheiro do auxílio-desemprego do pai –, ela acha que valeu a pena. "Posso dizer que é como se eu tivesse uma outra filha", comemora Susana sobre a melhora no quadro de Maria Luísa.

No tempo em que a filha esteve afastada da escola, Susana a alfabetizou, para que não ficasse para trás. "A Malu desenvolveu um amor imenso pela leitura. Até outdoor ela gosta de ler", diz, emocionada.

Em 2018, Maria Luísa voltou à escola. "Ela agora pede pra ir", comemora a mãe. Três meses após o início do tratamento, a menina, espontaneamente, pegou "os brinquedos de menino" e se divertiu. Ela também já consegue ter contato com a cor amarela. O azul, no entanto, ainda não teve vez. "Ela chega lá", defende a mãe, confiante.

31.
Precoce

Um pedido do namorado Carlão deixou Míriam em pânico. A irmã dele, moradora de rua e provável esquizofrênica, não tinha condições de criar a filha e ia entregar a menina para adoção. "Vamos pegar pra criar?", propôs ele, de supetão. Fragilizada por ter perdido uma gravidez no ano anterior, Míriam aceitou, foi morar com Carlão e o casal recebeu Mariana em casa, com três meses de vida.

Sete anos se passaram e Míriam vive uma situação que jamais poderia imaginar: além de muito travessa e exibida, Mariana tem uma hipersexualidade precoce e uma agressividade incomum, combinação bombástica capaz de enlouquecer qualquer mãe.

A menina fantasia situações. Na escola, encarou a professora e disse: "Tia, eu vou transar com o Carlinhos. Vou tirar a minha roupa, a roupa dele e a gente vai fazer sexo". A professora, claro, ficou em estado de choque até Míriam conseguir explicar o comportamento da filha.

"Precisei criar uma rede de proteção para a Mariana, porque ela própria se expõe ao perigo, sem nem se dar conta", diz a mãe. A menina está proibida, por exemplo, de acompanhar o pai nas peladas semanais de futebol. Vulnerável em meio a 22 homens, ela pede beijos, abraços, quer sentar no colo, sensualiza e faz voz manhosa. "Meu papel é proteger a Mariana dela mesma", resume a mãe.

Se um casal aparece sob os lençóis na novela das sete, é suficiente para Mariana narrar a cena como se tivesse acontecido com ela. Se aprende uma nova dança de funk proibidão, a menina a reproduz no supermercado, na fila do banco, na escola... "E ainda diz que fui eu que ensinei, pra me matar de vergonha! Já tive que ir embora de churrasco porque ela tava dançando para chamar a atenção dos homens", lembra a mãe.

Seguindo essa lógica, Míriam não tem sossego para deixar Mariana com ninguém, a não ser com as avós, as tias e o pai. Às vezes, o delírio da garota cria embaraços graves, como na ocasião em que relatou à mãe ter sido abusada pelo pai, em uma tarde em que ele sequer estava em casa. "Como eu já a conheço bem, sei como funcionam as mentiras dela", justifica Míriam. Ela já foi abordada algumas vezes por outras mães, relatando que Mariana havia dito aos coleguinhas que Míriam permitia que ela fizesse sexo, apesar de seus 7 anos. "A minha incapacidade de protegê-la ainda mais faz com que eu me sinta como uma fera trancada numa jaula", compara.

Uma vez, Míriam permitiu que Mariana fosse à praia com um casal de conhecidos. Ela os encontraria lá mais tarde. "Quando cheguei, ela estava dentro d'água, agarrada no pescoço do homem. Mariana é que parecia a esposa! E a mulher dele na areia, tomando conta das coisas...", relembra. Entendendo o *modus operandi* da filha, a mãe começou a evitar que a menina tenha contato com o jardineiro, com o vizinho, com o pipoqueiro... "Uma situação que seria normal para qualquer mãe já me deixa nervosa", diz.

Quando o desenho familiar já parecia bastante complexo, a irmã de Carlão avisou que estava grávida novamente e que deixaria a criança com o irmão. Assim entrou Estela na vida do casal, adotada depois de enfrentar 19 dias de UTI neonatal. Míriam assume que a rejeitou por alguns meses. "Foram chamados diferentes: uma eu fui buscar, a outra caiu de paraquedas na minha casa", distingue. Hoje, quatro anos depois, Estela se tornou o clássico "bebê da mamãe".

Atualmente, Mariana é assistida por uma psicóloga, uma vez por semana, e por Gabriela Dias, em seu consultório de Ipanema, uma vez por mês. A mãe a procurou com a suspeita de que a menina tivesse sido abusada, mas a desconfiança foi sendo descartada com o passar das consultas. "Sempre que uma criança aparece com sintoma de sexualidade exagerada para a idade, a suspeita principal é de abuso sexual. Conforme fui avaliando, foi perceptível que a história do abuso não era real e que os outros sintomas associados faziam parte do transtorno de humor bipolar", lembra Gabriela. Esse diagnóstico não é comum em crianças muito pequenas e deve ser feito com certa cautela. "Quando os pacientes estão em idade pré-escolar, com menos de 6 anos, sempre explico aos pais que firmamos um diagnóstico inicial, que poderá ser modificado, tendo em vista que essas crianças estão em constante desenvolvimento", pondera Gabriela, que assiste Mariana há quase dois anos.

"Mariana toma remédios fortíssimos, que eu sei que derrubam

um adulto. Era para ela ficar prostrada, mas continua cheia de vida, exibida. Ela tem essa personalidade e acabou. Tenho que aceitar", conforma-se a mãe.

Recentemente, Míriam botou o marido para fora de casa. "Já tenho uma filha complicada, não preciso de um homem complicado também. Minha obrigação é educar a criança, não meu marido", argumenta. "A verdade é que eu cansei dele e acho que ele cansou de mim também".

O que enlouquece Míriam é que Carlão não compactua da sua preocupação com Mariana. "Ele acha que eu exagero, não consegue enxergar que a displicência dele também é um problema para nossa filha", diz. Míriam se refere às ocasiões em que o pai permite que Mariana assista a um programa adulto ou ouça uma música inadequada para sua idade. Ironicamente, Carlão foi abandonado pela mãe e adotado por outra família. "Acho que ele também tem questões a serem resolvidas", provoca.

O futuro é motivo de preocupação na vida de Míriam. "Essa menina na adolescência vai me dar um trabalho três vezes maior do que já me dá hoje", prevê. Na busca por um pouco de paz, vale tudo. "Eu faço orações diárias! O nome dela tá debaixo do altar da igreja! Esse ano vou até tentar que ela seja coroinha, já pensou?", gargalha a mãe.

Míriam acaba de passar por uma histerectomia, procedimento que a impede de gerar filhos. Mas mesmo que pudesse engravidar e reverter o tempo, não mudaria em nada a entrada das filhas em sua vida. "Elas são minhas duas pretas gostosas, têm um sorriso lindo... Eu amo essas meninas! Nem se eu gerasse um filho, ele seria tão amado quanto essas duas", conclui.

32.
O futuro já começou

O trabalho feito nesses 20 anos no Ambulatório de Psiquiatria Infantil da Santa Casa é um orgulho. Mas ninguém ali parece disposto a deitar nos louros. Todos querem mais.

Para ampliar o atendimento, o setor conseguiu a cessão de um novo espaço nas dependências da Santa Casa. A ideia é dobrar, ou até mesmo triplicar, o número de consultas tão logo o novo ambulatório seja inaugurado.

Diante da (eterna) crise econômica e da falta de recursos, Fabio Barbirato arregaçou as mangas, mobilizou os amigos e organizou um evento beneficente, em agosto de 2018, no Copacabana Palace, com renda totalmente revertida para as obras. Os convidados tiveram o privilégio de assistir a uma apresentação de Gilberto Gil e jantaram os pratos assinados por alguns dos melhores chefs do Rio de Janeiro, como Pedro de Artagão (Grupo Irajá), Elia Schramm (Grupo 14Zero3), Nello Cassese (Cipriani), Rafael Costa e Silva

(Lasai) e Ricardo Lapeyre (Laguiole Lab).

No total, foram arrecadados 60 mil reais, que serão investidos na obra, com previsão de inauguração até o fim de 2020. "Ainda falta muito para concretizar o sonho, mas nossa luta não para", afirma Fabio.

À espera do novo ambulatório estão mais Marianas, Marias Luísas, Nathans, Pedros, Guilhermes e centenas de outros pequenos heróis e suas famílias.

Posfácio

As histórias compiladas nesta obra falam sobre fatos reais protagonizados por personagens apresentados com nomes fictícios, por princípios éticos óbvios. Os autores nos contam as histórias com estilo de romance, mas que são, na verdade, um retrato jornalístico da mais pura realidade. E, ao mesmo tempo, uma fantástica lição de vida.

Gabriela Dias e Fabio Barbirato, ambos psiquiatras, com a coautoria do escritor Gustavo Pinheiro, foram de uma enorme felicidade por nos terem desvendado tão bem o universo dos portadores de diversos transtornos mentais ainda bastante desconhecidos da maioria das pessoas. E que, é triste saber, muitas vezes são ignorados propositalmente até por quem faz parte, direta ou indiretamente, desse meio instigante, pelo "comodismo" de não querer se envolver com tal realidade.

Beamon Triplett, um advogado norte-americano, acabou sendo a "gota d'água" na descoberta do autismo em 1938, quando levou seu filho Donald, de 4 anos, a um dos mais respeitados psiquiatras infantis daquela época, o austríaco Leo Kanner, do Johns Hopkins Hospital, em Baltimore, nos Estados Unidos. Daquele momento até agora, entre preconceitos hipócritas da sociedade e o "faz de conta que eu não sei", casamentos foram desfeitos e famílias se desmantelaram. Mas, felizmente, acendeu-se mais forte uma luz no fim do túnel.

A área médica, muito particularmente a Psiquiatria, evoluiu bastante e hoje já vemos, de forma esperançosa, que se caminha para ações multidisciplinares mais abrangentes. No campo da preservação da célula familiar, onde as mães têm sobre os ombros o peso maior de tamanho fardo, vejo, com a experiência de magistrado, o que também aos olhos da Justiça passou a se enxergar com mais clarividência.

No prefácio do ilustre professor Jorge Alberto da Costa e Silva, um dos profissionais mais respeitados da psiquiatria mundial, temos o indicativo da importância fundamental deste livro, um divisor de águas no trato de um tema que, cada vez mais, deverá interessar a tanta gente. Ele, como chefe do Serviço de Psiquiatria do Hospital Geral da nossa Santa Casa da Misericórdia do Rio de Janeiro, e os autores Gabriela Dias e Fabio Barbirato, assim como seus médicos, são figuras estrelares, de quem sentimos imenso orgulho.

Neste livro, os autores conseguem informar, orientar e ensinar a tantos protagonistas e coadjuvantes, igualmente importantes nesse universo. Com um texto coloquial e sem nenhum academicismo, tornando-o entendível, de muito fácil percepção, é um conteúdo que, certamente, contribuirá em muito para se conhecer melhor a criança diagnosticada com os mais diferentes transtornos. É um caminho para que, no futuro breve, possamos vê-los sem qualquer rótulo.

Que esta leitura tenha enriquecido o maior número possível de mentes. Assim como envolveu a minha.

Francisco Horta
Provedor da Santa Casa da Misericórdia do Rio de Janeiro

Agradecimentos

Primeiro, aos mestres e chefes que acreditaram e nos apoiam até hoje, Jorge Alberto Costa e Silva e Fátima Vasconcellos.

Aos profissionais que começaram este setor: a psicóloga Lucia Marmulsztejn, a neuropsicóloga Daniela Carim e a psicomotricista Rita Thompson (estas duas últimas não estão mais no Serviço de Psiquiatria).

A todos os médicos que fazem ou fizeram parte da equipe e deixaram uma lembrança, uma marca que não será esquecida; obrigado.

Às psicólogas que se dedicam aos nossos pacientes e suas famílias, sempre empenhadas em oferecer o melhor atendimento.

A Katia Badin e sua equipe de fonoaudiologia, que avaliam e atendem nosso grupo de autistas.

À secretaria Dilma e suas ajudantes Roberta e Ana, que são essenciais para um funcionamento harmonioso e adequado entre o paciente e o médico/psicólogo.

Por fim, aos pais, por confiarem a nós suas maiores preciosidades, seus filhos, que nos inspiram a atendê-los cada vez melhor.

www.maquinadelivros.com.br
/maquinadelivros
@maquina.de.livros

Este livro foi diagramado por Mariana Erthal (www.eehdesign.com)
e impresso na Gráfica Rotaplan em 2019, utilizando papel Pólen Bold
90g e as fontes Miller Daily Two, Cooper Hewitt e Ostrich Sans